COLLECTION POÉSIE

PAUL ELUARD

Capitale
de la douleur

suivi de

L'amour la poésie

PRÉFACE DE
ANDRÉ PIEYRE DE MANDIARGUES

GALLIMARD

PRÉFACE

Quand parut L'amour la poésie, en 1929, j'avais vingt ans, et c'est à ce moment-là ou peu s'en faut que je fis la découverte d'Eluard. « Découverte » est le mot qui convient, pour étonnant ou même ridicule qu'on puisse le trouver aujourd'hui que l'œuvre de Paul Eluard a eu plusieurs millions de lecteurs. Mais il ne faut pas oublier que par un curieux phénomène, qui n'a jamais été suffisamment élucidé, c'est pendant la dernière guerre, et puis un peu après, que l'on a commencé de lire la poésie en France.

(Qu'Eluard, en grande partie, soit à l'origine de ce phénomène, je le tiens pour probable, en regrettant qu'il n'y ait pas lieu d'en discuter ici, puisque c'est surtout son œuvre de poète insurgé qui lui a valu d'être inscrit dans la mémoire des hommes).

Le goût passionné qu'à vingt ans et depuis j'ai eu pour la poésie, je pense qu'il m'est venu à partir de Rimbaud et de Lautréamont, que j'avais lus un peu plus tôt, à la suite d'autres qui, comme Baudelaire, étaient objets à demi d'enseignement public et à demi de méfiance privée. La première impulsion me paraît attribuable à ceux que je nommerais les grands objets d'enseignement public (peu nombreux : Ronsard, Racine, Vigny). Or si l'on avait, en

1929, le bonheur ou la mésaventure d'être pris de passion pour la poésie, et que l'on s'informât des productions contemporaines, c'est plutôt Valéry que vous proposaient les libraires ou que les revues célébraient. La jeune parque *avait un peu plus de dix ans;* Charmes *avait sept ans. Sans médire de ces œuvres, dont la première, notamment, si chargée d'onduleux érotisme, a gardé sur moi tout son pouvoir ancien, il est difficile de ne pas remarquer leur caractère hautement artificiel et de ne pas les taxer de produits de culture. Par contraste, Apollinaire et les surréalistes (représentés en poésie par Éluard avec primauté) m'offraient la belle surprise d'une liberté d'allure et d'une fraîcheur depuis Rimbaud évanouies, en même temps que de la plus altière facilité.*

Facilité, dis-je; me voilà ramené tout droit à Éluard. En effet, des mots de cette ardente langue française, qui jamais ne fut aussi femme que lorsque c'était lui qui la couchait sur le papier, il en est peu qui lui appartiennent autant que celui-là, sous la forme surtout de l'adjectif dérivé. Dans Capitale de la douleur, *de 1926, dès les premières pages nous lisons :*

> J'ai la beauté facile et c'est heureux

puis, un peu plus loin, ce court poème :

> Pendant qu'il est facile
> Et pendant qu'elle est gaie
> Allons nous habiller et nous déshabiller

qui pose une énigme amusante à résoudre (sans trop de peine !). Ouvrons-nous L'amour la poésie, *voici :*

> Elle est fière d'être facile

voilà :

> Porte comprise
> Porte facile.

6

Et quand, plus tard, Eluard publia, adressés à Nusch, les plus émouvants peut-être de ses poèmes d'amour, le titre qu'il donna au recueil, c'est Facile *encore. Toutefois, sur ce point de la facilité, qui fit une heureuse irruption dans la poésie française avec Apollinaire, entendons-nous. Celle d'Eluard est simplement merveilleuse, et si le mot n'avait quelque chose d'inconvenant à l'égard de l'homme que l'on sait, nous la dirions miraculeuse. Elle est inséparable de la rapidité (« agile » est chez Eluard presque le doublet de « facile »). Elle est une sorte de brusque flamme qui dévêt la pensée de toute gangue et qui livre instantanément la phrase dans sa plus pure et fière nudité, sans nul effort qui se soit laissé voir. Par cette aisance dans le dépouillement, les premiers recueils poétiques d'Eluard sont assez curieusement détachés de la poésie surréaliste de la même époque, à laquelle la richesse et la profusion des images, ou dans la colère le ton dramatique, donnent un caractère qui fait penser souvent au baroquisme de la fin du XVI*e *et du début du XVII*e *siècle (J'ai assez loué, soit dit en passant, le style baroque, pour que l'on n'aille par chercher la moindre critique en ce sentiment...).*

Parler aux hommes le langage de tous les hommes et leur parler cependant un langage tout neuf, infiniment précieux et simple pourtant comme le pain de la vie quotidienne, nul poète, avant Eluard, ne l'avait fait si naturellement. Transmuer en une sorte d'or vierge l'aspect des joies et des douleurs communes à tous, pour en faire éclater la splendeur unique, Eluard fut capable de cela plus intensément et plus aisément que nul autre. L'amour la poésie, *ce titre (que je trouve follement beau), n'est-ce pas la formule exacte qui en coiffant impérieusement la vie permet de la renouveler? La plupart des poètes ont célébré l'amour. Combien sont-ils, à la réflexion, qui l'aient porté en eux toujours*

7

et qui en aient imprégné leur œuvre à la manière d'Eluard?
Capitale de la douleur, L'amour la poésie, je vois
en ces livres des tableaux de la vie commune telle que par
l'amour elle est rendue poétique, c'est-à-dire illuminée. Il
n'est personne qui, pour un temps bref au moins, n'ait fait
l'expérience de pareille illumination, mais les avares et
les prudents ont la règle de rabaisser les yeux au plus vite,
tandis que la leçon d'Eluard est de substituer définitivement
le monde ainsi transfiguré à l'ancien et de s'en mettre plein
la vue et plein les doigts sans avoir peur de se déchirer à ses
aigus sommets.

Du haut de son observatoire passionnel, sa vision est
parfois en singulière avance sur le temps banal. Dans
L'amour la poésie, il écrit :

La terre est bleue comme une orange

et l'on sait que ce n'est point différemment que l'ont aperçue
les premiers cosmonautes...

Plus tard, Paul Eluard introduira dans le poème un
personnage témoin, qu'il nommera Mondal et qui est l'homme
de partout, un homme quelconque entre tous les hommes.
Élevé par l'amour au-dessus de sa vie de chien, rendu humain,
finalement, par la poésie dont nul (au constant dire d'Eluard)
n'est incapable, c'est Mondal qu'il me plaît de mettre derrière
toute voix récitant Capitale de la douleur.

Une ombre...
Toute l'infortune du monde
Et mon amour dessus
Comme une bête nue.

Cet innocent qui accepte la bouleversante merveille de
la vie est le poète lui-même. Je crois pouvoir assurer qu'Eluard,
à la différence de presque tous les « grands » de ce temps,

ne s'est jamais cru supérieur à personne. Un petit juste, comme une goutte d'eau dans la mer, mais ouverte et offerte au lumineux feu qui la frappe ainsi que toutes ses pareilles, voilà ce qu'il croyait être, simplement. Et sa vision idéale de l'homme communiste n'est en désaccord avec aucun de ses poèmes.

Car il n'est pour lui de lumineux feu que l'amour, qui est le principe de sa morale même ; on ne saurait le lire justement que sous ce radieux point de vue.

André Pieyre de Mandiargues.

CAPITALE DE LA DOULEUR

Répétitions

MAX ERNST

Dans un coin l'inceste agile
Tourne autour de la virginité d'une petite robe
Dans un coin le ciel délivré
Aux épines de l'orage laisse des boules blanches.

Dans un coin plus clair de tous les yeux
On attend les poissons d'angoisse.
Dans un coin la voiture de verdure de l'été
Immobile glorieuse et pour toujours.

A la lueur de la jeunesse
Des lampes allumées très tard.
La première montre ses seins qui tuent des insectes
[rouges.

SUITE

Pour l'éclat du jour des bonheurs en l'air
Pour vivre aisément des goûts des couleurs
Pour se régaler des amours pour rire
Pour ouvrir les yeux au dernier instant

Elle a toutes les complaisances.

MANIE

Après des années de sagesse
Pendant lesquelles le monde était aussi transparent
[qu'une aiguille
Roucouler s'agit-il d'autre chose?
Après avoir rivalisé rendu grâces et dilapidé le trésor
Plus d'une lèvre rouge avec un point rouge
Et plus d'une jambe blanche avec un pied blanc
Où nous croyons-nous donc?

L'INVENTION

La droite laisse couler du sable.
Toutes les transformations sont possibles.

Loin, le soleil aiguise sur les pierres sa hâte d'en finir
La description du paysage importe peu,
Tout juste l'agréable durée des moissons.

Clair avec mes deux yeux,
Comme l'eau et le feu.

✲

Quel est le rôle de la racine?
Le désespoir a rompu tous ses liens
Et porte les mains à sa tête.
Un sept, un quatre, un deux, un un.
Cent femmes dans la rue
Que je ne verrai plus.

✲

L'art d'aimer, l'art libéral, l'art de bien mourir, l'art de penser, l'art incohérent, l'art de fumer, l'art de jouir, l'art du moyen âge, l'art décoratif, l'art de raisonner, l'art de bien raisonner, l'art poétique, l'art mécanique, l'art érotique, l'art d'être grand-père, l'art de la danse, l'art de voir, l'art d'agrément, l'art de caresser, l'art japonais, l'art de jouer, l'art de manger, l'art de torturer.

✼

Je n'ai pourtant jamais trouvé ce que j'écris dans ce que j'aime.

PLUS PRÈS DE NOUS

Courir et courir délivrance
Et tout trouver tout ramasser
Délivrance et richesse
Courir si vite que le fil casse
Au bruit que fait un grand oiseau
Un drapeau toujours dépassé.

PORTE OUVERTE

La vie est bien aimable
Venez à moi, si je vais à vous c'est un jeu,
Les anges des bouquets dont les fleurs changent de
[couleur.

SUITE

Dormir, la lune dans un œil et le soleil dans l'autre,
Un amour dans la bouche, un bel oiseau dans les
[cheveux,
Parée comme les champs, les bois, les routes et la mer,
Belle et parée comme le tour du monde.

Fuis à travers le paysage,
Parmi les branches de fumée et tous les fruits du vent,
Jambes de pierre aux bas de sable,
Prise à la taille, à tous les muscles de rivière,
Et le dernier souci sur un visage transformé.

LA PAROLE

J'ai la beauté facile et c'est heureux.
Je glisse sur le toit des vents
Je glisse sur le toit des mers
Je suis devenue sentimentale
Je ne connais plus le conducteur
Je ne bouge plus soie sur les glaces
Je suis malade fleurs et cailloux
J'aime le plus chinois aux nues
J'aime la plus nue aux écarts d'oiseau
Je suis vieille mais ici je suis belle
Et l'ombre qui descend des fenêtres profondes
Épargne chaque soir le cœur noir de mes yeux.

LA RIVIÈRE

La rivière que j'ai sous la langue,
L'eau qu'on n'imagine pas, mon petit bateau,
Et, les rideaux baissés, parlons.

L'OMBRE AUX SOUPIRS

Sommeil léger, petite hélice,
Petite, tiède, cœur à l'air.
L'amour de prestidigitateur,
Ciel lourd des mains, éclairs des veines,

Courant dans la rue sans couleurs,
Pris dans sa traîne de pavés,
Il lâche le dernier oiseau
De son auréole d'hier —
Dans chaque puits, un seul serpent.

Autant rêver d'ouvrir les portes de la mer.

NUL

Ce qui se dit : J'ai traversé la rue pour ne plus être au soleil. Il fait trop chaud, même à l'ombre. Il y a la rue, quatre étages et ma fenêtre au soleil. Une casquette sur la tête, une casquette à la main, il vient me serrer la main. Voulez-vous ne pas crier comme ça, c'est de la folie !

✱

Des aveugles invisibles préparent les linges du sommeil. La nuit, la lune et leur cœur se poursuivent.

✱

A son tour un cri : « l'empreinte, l'empreinte, je ne vois plus l'empreinte. A la fin, je ne puis plus compter sur vous ! »

POÈMES

Le cœur sur l'arbre vous n'aviez qu'à le cueillir,
Sourire et rire, rire et douceur d'outre-sens.
Vaincu, vainqueur et lumineux, pur comme un ange,
Haut vers le ciel, avec les arbres.

Au loin, geint une belle qui voudrait lutter
Et qui ne peut, couchée au pied de la colline.
Et que le ciel soit misérable ou transparent
On ne peut la voir sans l'aimer.

Les jours comme des doigts repliant leurs phalanges.
Les fleurs sont desséchées, les graines sont perdues,
La canicule attend les grandes gelées blanches.

A l'œil du pauvre mort. Peindre des porcelaines.
Une musique, bras blancs tout nus.
Les vents et les oiseaux s'unissent — le ciel change.

LIMITE

Songe aux souffrances taillées sous des voiles fautifs
Aux petits amateurs de rivières tournantes
Où promenade pour noyade
Nous irons sans plaisir
Nous irons ramer
Dans le cou des eaux

Nous aurons un bateau.

LES MOUTONS

Ferme les yeux visage noir
Ferme les jardins de la rue
L'intelligence et la hardiesse
L'ennui et la tranquillité
Ces tristes soirs à tout moment
Le verre et la porte vitrée
Confortable et sensible
Légère et l'arbre à fruits
L'arbre à fleurs l'arbre à fruits
Fuient.

L'UNIQUE

Elle avait dans la tranquillité de son corps
Une petite boule de neige couleur d'œil
Elle avait sur les épaules
Une tache de silence une tache de rose
Couvercle de son auréole
Ses mains et des arcs souples et chanteurs
Brisaient la lumière

Elle chantait les minutes sans s'endormir.

LA VIE

Sourire aux visiteurs
Qui sortent de leur cachette
Quand elle sort elle dort.

Chaque jour plus matinale
Chaque saison plus nue
Plus fraîche

Pour suivre ses regards
Elle se balance.

NUL

Il pose un oiseau sur la table et ferme les volets. Il se coiffe, ses cheveux dans ses mains sont plus doux qu'un oiseau.

*

Elle dit l'avenir. Et je suis chargé de le vérifier.

*

Le cœur meurtri, l'âme endolorie, les mains brisées, les cheveux blancs, les prisonniers, l'eau tout entière est sur moi comme une plaie à nu.

INTÉRIEUR

Dans quelques secondes
Le peintre et son modèle
Prendront la fuite.

Plus de vertus
Ou moins de malheurs
J'aperçois une statue

Une sorte d'amande
Une médaille vernie
Pour le plus grand ennui.

A CÔTÉ

La nuit plus longue et la route plus blanche.
Lampes je suis plus près de vous que la lumière.
Un papillon l'oiseau d'habitude
Roue brisée de ma fatigue
De bonne humeur place
Signal vide et signal
A l'éventail d'horloge.

A CÔTÉ

Soleil tremblant
Signal vide et signal à l'éventail d'horloge
Aux caresses unies d'une main sur le ciel
Aux oiseaux entrouvrant le livre des aveugles
Et d'une aile après l'autre entre cette heure et l'autre
Dessinant l'horizon faisant tourner les ombres
Qui limitent le monde quand j'ai les yeux baissés.

L'IMPATIENT

Si triste de ses faux calculs
Qu'il inscrit ses nombres à l'envers
Et s'endort.

Une femme plus belle
Et n'a jamais trouvé,
Cherché les idées roses des quinze ans à peine,
Ri sans le savoir, sans un compliment
Aux jeunesses du temps.

A la rencontre
De ce qui passait à côté
L'autre jour,

De la femme qui s'ennuyait,
Les mains à terre,
Sous un nuage.

La lampe s'allumait aux méfaits de l'orage
Aux beaux jours d'Août sans défaillances,
La caressante embrassait l'air, les joues de sa
[compagne,
Fermait les yeux
Et comme les feuilles le soir
Se perdait à l'horizon.

SANS MUSIQUE

Les muets sont des menteurs, parle.
Je suis vraiment en colère de parler seul
Et ma parole
Éveille des erreurs

Mon petit cœur.

LUIRE

Terre irréprochablement cultivée,
Miel d'aube, soleil en fleurs,
Coureur tenant encore par un fil au dormeur
(Nœud par intelligences)
Et le jetant sur son épaule :
« Il n'a jamais été plus neuf,
Il n'a jamais été si lourd. »
Usure, il sera plus léger,
Utile.
Clair soleil d'été avec :
Sa chaleur, sa douceur, sa tranquillité
Et, vite,
Les porteurs de fleurs en l'air touchent de la terre.

LA GRANDE MAISON INHABITABLE

Au milieu d'une île étonnante
Que ses membres traversent
Elle vit d'un monde ébloui.

La chair que l'on montre aux curieux
Attend là comme les récoltes
La chute sur les rives.

En attendant pour voir plus loin
Les yeux plus grands ouverts sous le vent de ses mains
Elle imagine que l'horizon a pour elle dénoué sa
                                                    [ceinture.

LA MORT DANS LA CONVERSATION

Qui a votre visage?
La bonne et la mauvaise
La belle imaginable
Gymnastique à l'infini
Dépassant en mouvements
Les couleurs et les baisers
Les grands gestes la nuit.

RAISON DE PLUS

Les lumières en l'air,
L'air sur un tour moitié passé, moitié brillant,
Faites entrer les enfants,
Tous les saluts, tous les baisers, tous les remerciements.

Autour de la bouche
Son rire est toujours différent,
C'est un plaisir, c'est un désir, c'est un tourment,
C'est une folle, c'est la fleur, une créole qui passe.

La nudité, jamais la même.
Je suis bien laid.
Au temps des soins, des neiges, herbes en soins,
Neiges en foule,
Au temps en heures fixes,
Des souples satins des statues.
Le temple est devenu fontaine
Et la main remplace le cœur.

Il faut m'avoir connu à cette époque pour m'aimer,
Sûr du lendemain.

LESQUELS?

Pendant qu'il est facile
Et pendant qu'elle est gaie
Allons nous habiller et nous déshabiller.

RUBANS

L'alarme matérielle où, sans excuse, apparaît la douleur future.

C'est bien : presque insensible. C'est un signe ce plus de dignité.

Aucun étonnement, une femme ou un gracieux enfant de toile fine et de paille, idées de grandeur,

Leurs yeux se sont levés plus tôt que le soleil.

✻

Les sacrifiés font un geste qui ne dit rien parmi la dentelle de tous les autres gestes, imaginaires, à cinq ou six, vers le lieu de repos où il n'y a personne.

Constaté qu'ils se sont réfugiés dans les branches nues d'une politesse désespérée, d'une couronne taillée à coups de vent.

Prendre, cordes de la vie. Pouviez-vous prendre plus de libertés ?

✻

De petits instruments,

Et les mains qui pétrissent un ballon pour le faire éclater, pour que le sang de l'homme lui jaillisse au visage.

Et les ailes qui sont attachées comme la terre et la mer.

L'AMI

La photographie : un groupe.
Si le soleil passait,
Si tu bouges.

Fards. A l'intérieur, blanche et vernie,
Dans le tunnel.
« Au temps des étincelles
On débouchait la lumière. »

Postérité, mentalité des gens.
La bien belle peinture.
L'épreuve, s'entendre.
L'espoir des cantharides
Est un bien bel espoir.

VOLONTAIREMENT

Aveugle maladroit, ignorant et léger,
Aujourd'hui pour oublier,
Le mois prochain pour dessiner
Les coins de rue, les allées à perte de vue.
Je les imite pour m'étendre
Dans une nuit profonde et large de mon âge.

A LA MINUTE

L'instrument
Comme tu le vois.
Espérons
Et
Espérons
Adieu
Ne t'avise pas
Que les yeux
Comme tu le vois
Le jour et la nuit ont bien réussi.
Je le regarde je le vois.

PARFAIT

Un miracle de sable fin
Transperce les feuilles les fleurs
Éclôt dans les fruits
Et comble les ombres.

Tout est enfin divisé
Tout se déforme et se perd
Tout se brise et disparaît
La mort sans conséquences.

Enfin
La lumière n'a plus la nature
Ventilateur gourmand étoile de chaleur
Elle abandonne les couleurs
Elle abandonne son visage

Aveugle silencieuse
Elle est partout semblable et vide.

RONDE

Sous un soleil ressort du paysage
Une femme s'emballe
Frise son ombre avec ses jambes
Et d'elle seule espère les espoirs les plus mystérieux

Je la trouve sans soupçons sans aucun doute amoureuse
Au lieu des chemins assemblés
De la lumière en un point diminuée
Et des mouvements impossibles
La grande porte de la face
Aux plans discutés adoptés
Aux émotions de pensée
Le voyage déguisé et l'arrivée de réconciliation

La grande porte de la face
La vue des pierres précieuses
Le jeu du plus faible en plus fort.

CE N'EST PAS LA POÉSIE QUI...

Avec des yeux pareils
Que tout est semblable
École de nu.
Tranquillement
Dans un visage délié
Nous avons pris des garanties
Un coup de main aux cheveux rapides
La bouche de voluptueux inférieur joue et tombe
Et nous lançons le menton qui tourne comme une
[toupie.

ŒIL DE SOURD

Faites mon portrait.
Il se modifiera pour remplir tous les vides.
Faites mon portrait sans bruit, seul le silence
A moins que — s'il — sauf — excepté —
Je ne vous entends pas.

Il s'agit, il ne s'agit plus.
Je voudrais ressembler —
Fâcheuse coïncidence, entre autres grandes affaires.
Sans fatigue, têtes nouées
Aux mains de mon activité.

Mourir de ne pas mourir

A André Breton

L'ÉGALITÉ DES SEXES

Tes yeux sont revenus d'un pays arbitraire
Où nul n'a jamais su ce que c'est qu'un regard
Ni connu la beauté des yeux, beauté des pierres,
Celle des gouttes d'eau, des perles en placards,

Des pierres nues et sans squelette, ô ma statue,
Le soleil aveuglant te tient lieu de miroir
Et s'il semble obéir aux puissances du soir
C'est que ta tête est close, ô statue abattue

Par mon amour et par mes ruses de sauvage.
Mon désir immobile est ton dernier soutien
Et je t'emporte sans bataille, ô mon image,
Rompue à ma faiblesse et prise dans mes liens.

AU CŒUR DE MON AMOUR

Un bel oiseau me montre la lumière
Elle est dans ses yeux, bien en vue.
Il chante sur une boule de gui
Au milieu du soleil.

*

Les yeux des animaux chanteurs
Et leurs chants de colère ou d'ennui
M'ont interdit de sortir de ce lit.
J'y passerai ma vie.

L'aube dans des pays sans grâce
Prend l'apparence de l'oubli.
Et qu'une femme émue s'endorme, à l'aube,
La tête la première, sa chute l'illumine.

Constellations,
Vous connaissez la forme de sa tête
Ici, tout s'obscurcit :
Le paysage se complète, sang aux joues,

Les masses diminuent et coulent dans mon cœur
Avec le sommeil.
Et qui donc veut me prendre le cœur?

*

Je n'ai jamais rêvé d'une si belle nuit.
Les femmes du jardin cherchent à m'embrasser —
Soutiens du ciel, les arbres immobiles
Embrassent bien l'ombre qui les soutient.

Une femme au cœur pâle
Met la nuit dans ses habits.
L'amour a découvert la nuit
Sur ses seins impalpables.

Comment prendre plaisir à tout?
Plutôt tout effacer.
L'homme de tous les mouvements,
De tous les sacrifices et de toutes les conquêtes
Dort. Il dort, il dort, il dort.
Il raye de ses soupirs la nuit minuscule, invisible.

Il n'a ni froid, ni chaud.
Son prisonnier s'est évadé — pour dormir.
Il n'est pas mort, il dort.

Quand il s'est endormi
Tout l'étonnait,
Il jouait avec ardeur,
Il regardait,
Il entendait.

Sa dernière parole :
« Si c'était à recommencer, je te rencontrerais sans te
[chercher. »

Il dort, il dort, il dort.
L'aube a eu beau lever la tête,
Il dort.

POUR SE PRENDRE AU PIÈGE

C'est un restaurant comme les autres. Faut-il croire que je ne ressemble à personne? Une grande femme, à côté de moi, bat des œufs avec ses doigts. Un voyageur pose ses vêtements sur une table et me tient tête. Il a tort, je ne connais aucun mystère, je ne sais même pas la signification du mot : mystère, je n'ai jamais rien cherché, rien trouvé, il a tort d'insister.

L'orage qui, par instants, sort de la brume me tourne les yeux et les épaules. L'espace a alors des portes et des fenêtres. Le voyageur me déclare que je ne suis plus le même. Plus le même! Je ramasse les débris de toutes mes merveilles. C'est la grande femme qui m'a dit que ce sont des débris de merveilles, ces débris. Je les jette aux ruisseaux vivaces et pleins d'oiseaux. La mer, la calme mer est entre eux comme le ciel dans la lumière. Les couleurs aussi, si l'on me parle des couleurs, je ne regarde plus. Parlez-moi des formes, j'ai grand besoin d'inquiétude.

Grande femme, parle-moi des formes, ou bien je m'endors et je mène la grande vie, les mains prises dans la tête et la tête dans la bouche, dans la bouche bien close, langage intérieur.

L'AMOUREUSE

Elle est debout sur mes paupières
Et ses cheveux sont dans les miens,
Elle a la forme de mes mains,
Elle a la couleur de mes yeux,
Elle s'engloutit dans mon ombre
Comme une pierre sur le ciel.

Elle a toujours les yeux ouverts
Et ne me laisse pas dormir.
Ses rêves en pleine lumière
Font s'évaporer les soleils,
Me font rire, pleurer et rire,
Parler sans avoir rien à dire.

LE SOURD ET L'AVEUGLE

Gagnerons-nous la mer avec des cloches
Dans nos poches, avec le bruit de la mer
Dans la mer, ou bien serons-nous les porteurs
D'une eau plus pure et silencieuse?

L'eau se frottant les mains aiguise des couteaux.
Les guerriers ont trouvé leurs armes dans les flots
Et le bruit de leurs coups est semblable à celui
Des rochers défonçant dans la nuit les bateaux.

C'est la tempête et le tonnerre. Pourquoi pas le silence
Du déluge, car nous avons en nous tout l'espace rêvé
Pour le plus grand silence et nous respirerons
Comme le vent des mers terribles, comme le vent

Qui rampe lentement sur tous les horizons.

L'HABITUDE

Toutes mes petites amies sont bossues :
Elles aiment leur mère.
Tous mes animaux sont obligatoires,
Ils ont des pieds de meuble
Et des mains de fenêtre.
Le vent se déforme,
Il lui faut un habit sur mesure,
Démesuré.
Voilà pourquoi
Je dis la vérité sans la dire.

DANS LA DANSE

Petite table enfantine,
il y a des femmes dont les yeux sont comme des
                              [morceaux de sucre,
il y a des femmes graves comme les mouvements de
                        [l'amour qu'on ne surprend pas,
il y a des femmes au visage pâle,
d'autres comme le ciel à la veille du vent.
Petite table dorée des jours de fête,
il y a des femmes de bois vert et sombre
celles qui pleurent,
de bois sombre et vert :
celles qui rient.

Petite table trop basse ou trop haute.
il y a des femmes grasses
avec des ombres légères,
il y a des robes creuses,
des robes sèches,
des robes que l'on porte chez soi et que l'amour ne
                              [fait jamais sortir.
Petite table,
je n'aime pas les tables sur lesquelles je danse,
je ne m'en doutais pas.

LE JEU DE CONSTRUCTION

A Raymond Roussel.

L'homme s'enfuit, le cheval tombe,
La porte ne peut pas s'ouvrir,
L'oiseau se tait, creusez sa tombe,
Le silence le fait mourir.

Un papillon sur une branche
Attend patiemment l'hiver,
Son cœur est lourd, la branche penche,
La branche se plie comme un ver.

Pourquoi pleurer la fleur séchée
Et pourquoi pleurer les lilas?
Pourquoi pleurer la rose d'ambre?

Pourquoi pleurer la pensée tendre?
Pourquoi chercher la fleur cachée
      Si l'on n'a pas de récompense?

    — Mais pour ça, ça et ça.

ENTRE AUTRES

A l'ombre des arbres
Comme au temps des miracles,

Au milieu des hommes
Comme la plus belle femme

Sans regrets, sans honte,
J'ai quitté le monde.

— Qu'avez-vous vu?

— Une femme jeune, grande et belle
En robe noire très décolletée.

GIORGIO DE CHIRICO

Un mur dénonce un autre mur
Et l'ombre me défend de mon ombre peureuse.
O tour de mon amour autour de mon amour,
Tous les murs filaient blanc autour de mon silence.

Toi, que défendais-tu ? Ciel insensible et pur
Tremblant tu m'abritais. La lumière en relief
Sur le ciel qui n'est plus le miroir du soleil,
Les étoiles de jour parmi les feuilles vertes,

Le souvenir de ceux qui parlaient sans savoir,
Maîtres de ma faiblesse et je suis à leur place
Avec des yeux d'amour et des mains trop fidèles
Pour dépeupler un monde dont je suis absent.

BOUCHE USÉE

Le rire tenait sa bouteille
A la bouche riait la mort
Dans tous les lits où l'on dort
Le ciel sous tous les corps sommeille

Un clair ruban vert à l'oreille
Trois boules une bague en or
　　　Elle porte sans effort
Une ombre aux lumières pareille

Petite étoile des vapeurs
Au soir des mers sans voyageurs
Des mers que le ciel cruel fouille

Délices portées à la main
Plus douce poussière à la fin
Les branches perdues sous la rouille.

DANS LE CYLINDRE
DES TRIBULATIONS

Que le monde m'entraîne et j'aurai des souvenirs.

Trente filles au corps opaque, trente filles divinisées par l'imagination, s'approchent de l'homme qui repose dans la petite vallée de la folie.

L'homme en question joue avec ferveur. Il joue contre lui-même et gagne. Les trente filles en ont vite assez. Les caresses du jeu ne sont pas celles de l'amour et le spectacle n'en est pas aussi charmant, séduisant et agréable.

Je parle de trente filles au corps opaque et d'un joueur heureux. Il y a aussi, dans une ville de laine et de plumes, un oiseau sur le dos d'un mouton. Le mouton, dans les fables, mène l'oiseau en paradis.

Il y a aussi les siècles personnifiés, la grandeur des siècles présents, le vertige des années défendues et des fruits perdus.

Que les souvenirs m'entraînent et j'aurai des yeux ronds comme le monde.

DENISE DISAIT AUX MERVEILLES :

Le soir traînait des hirondelles. Les hiboux
Partageaient le soleil et pesaient sur la terre
Comme les pas jamais lassés d'un solitaire
Plus pâle que nature et dormant tout debout.

Le soir traînait des armes blanches sur nos têtes.
Le courage brûlait les femmes parmi nous,
Elles pleuraient, elles criaient comme des bêtes,
Les hommes inquiets s'étaient mis à genoux.

Le soir, un rien, une hirondelle qui dépasse,
Un peu de vent, les feuilles qui ne tombent plus,
Un beau détail, un sortilège sans vertus
Pour un regard qui n'a jamais compris l'espace.

LA BÉNÉDICTION

A l'aventure, en barque, au nord.
Dans la trompette des oiseaux
Les poissons dans leur élément.

L'homme qui creuse sa couronne
Allume un brasier dans la cloche,
Un beau brasier-nid-de-fourmis.

Et le guerrier bardé de fer
Que l'on fait rôtir à la broche
Apprend l'amour et la musique.

LA MALÉDICTION

Un aigle, sur un rocher, contemple l'horizon béat.
Un aigle défend le mouvement des sphères. Couleurs
douces de la charité, tristesse, lueurs sur les arbres
décharnés, lyre en étoile d'araignée, les hommes qui
sous tous les cieux se ressemblent sont aussi bêtes sur
la terre qu'au ciel. Et celui qui traîne un couteau dans
les herbes hautes, dans les herbes de mes yeux, de mes
cheveux et de mes rêves, celui qui porte dans ses
bras tous les signes de l'ombre, est tombé, tacheté
d'azur, sur les fleurs à quatre couleurs.

SILENCE DE L'ÉVANGILE

Nous dormons avec des anges rouges qui nous montrent le désert sans minuscules et sans les doux réveils désolés. Nous dormons. Une aile nous brise, évasion, nous avons des roues plus vieilles que les plumes envolées, perdues, pour explorer les cimetières de la lenteur, la seule luxure.

*

La bouteille que nous entourons des linges de nos blessures ne résiste à aucune envie. Prenons les cœurs, les cerveaux, les muscles de la rage, prenons les fleurs invisibles des blêmes jeunes filles et des enfants noués, prenons la main de la mémoire, fermons les yeux du souvenir, une théorie d'arbres délivrés par les voleurs nous frappe et nous divise, tous les morceaux sont bons. Qui les rassemblera : la terreur, la souffrance ou le dégoût ?

*

Dormons, mes frères. Le chapitre inexplicable est devenu incompréhensible. Des géants passent en exhalant des plaintes terribles, des plaintes de géant, des plaintes comme l'aube veut en pousser, l'aube qui ne peut plus se plaindre, depuis le temps, mes frères, depuis le temps.

SANS RANCUNE

Larmes des yeux, les malheurs des malheureux,
Malheurs sans intérêt et larmes sans couleurs.
Il ne demande rien, il n'est pas insensible,
Il est triste en prison et triste s'il est libre.

Il fait un triste temps, il fait une nuit noire
A ne pas mettre un aveugle dehors. Les forts
Sont assis, les faibles tiennent le pouvoir
Et le roi est debout près de la reine assise.

Sourires et soupirs, des injures pourrissent
Dans la bouche des muets et dans les yeux des lâches.
Ne prenez rien : ceci brûle, cela flambe!
Vos mains sont faites pour vos poches et vos fronts.

*

Une ombre...
Toute l'infortune du monde
Et mon amour dessus
Comme une bête nue.

CELLE QUI N'A PAS LA PAROLE

Les feuilles de couleur dans les arbres nocturnes
Et la liane verte et bleue qui joint le ciel aux arbres,
Le vent à la grande figure
Les épargne. Avalanche, à travers sa tête transparente
La lumière, nuée d'insectes, vibre et meurt.

Miracle dévêtu, émiettement, rupture
Pour un seul être.

La plus belle inconnue
Agonise éternellement.

Étoiles de son cœur aux yeux de tout le monde.

NUDITÉ DE LA VÉRITÉ

« Je le sais bien. »

Le désespoir n'a pas d'ailes,
L'amour non plus,
Pas de visage,
Ne parlent pas,
Je ne bouge pas,
Je ne les regarde pas,
Je ne leur parle pas
Mais je suis bien aussi vivant que mon amour et que
[mon désespoir.

PERSPECTIVE

Un millier de sauvages
S'apprêtent à combattre.
Ils ont des armes,
Ils ont leur cœur, grand cœur,
Et s'alignent avec lenteur
Devant un millier d'arbres verts
Qui, sans en avoir l'air,
Tiennent encore à leur feuillage.

TA FOI

Suis-je autre chose que ta force?
Ta force dans tes bras,
Ta tête dans tes bras,
Ta force dans le ciel décomposé,
Ta tête lamentable,
Ta tête que je porte.
Tu ne joueras plus avec moi,
Héroïne perdue,
Ma force bouge dans tes bras.

MASCHA RIAIT AUX ANGES

L'heure qui tremble aù fond du temps tout embrouillé

Un bel oiseau léger plus vif qu'une poussière
Traîne sur un miroir un cadavre sans tête
Des boules de soleil adoucissent ses ailes
Et le vent de son vol affole la lumière

Le meilleur a été découvert loin d'ici.

Les petits justes

1

Sur la maison du rire
Un oiseau rit dans ses ailes.
Le monde est si léger
Qu'il n'est plus à sa place
Et si gai
Qu'il ne lui manque rien.

II

Pourquoi suis-je si belle ?
Parce que mon maître me lave.

III

Avec tes yeux je change comme avec les lunes
Et je suis tour à tour et de plomb et de plume,
Une eau mystérieuse et noire qui t'enserre
Ou bien dans tes cheveux ta légère victoire.

IV

Une couleur madame, une couleur monsieur,
Une aux seins, une aux cheveux,
    La bouche des passions
    Et si vous voyez rouge
La plus belle est à vos genoux.

V

A faire rire la certaine,
Était-elle en pierre?
Elle s'effondra.

VI

Le monstre de la fuite hume même les plumes
De cet oiseau roussi par le feu du fusil.
Sa plainte vibre tout le long d'un mur de larmes
Et les ciseaux des yeux coupent la mélodie
Qui bourgeonnait déjà dans le cœur du chasseur.

VII

La nature s'est prise aux filets de ta vie.
L'arbre, ton ombre, montre sa chair nue : le ciel.
Il a la voix du sable et les gestes du vent.
Et tout ce que tu dis bouge derrière toi.

VIII

Elle se refuse toujours à comprendre, à entendre,
Elle rit pour cacher sa terreur d'elle-même.
Elle a toujours marché sous les arches des nuits
Et partout où elle a passé
Elle a laissé
L'empreinte des choses brisées.

IX

Sur ce ciel délabré, sur ces vitres d'eau douce,
Quel visage viendra, coquillage sonore,
Annoncer que la nuit de l'amour touche au jour,
Bouche ouverte liée à la bouche fermée.

X

Inconnue, elle était ma forme préférée,
Celle qui m'enlevait le souci d'être un homme,
Et je la vois et je la perds et je subis
Ma douleur, comme un peu de soleil dans l'eau
                                        [froide.

XI

Les hommes qui changent et se ressemblent
Ont, au cours de leurs jours, toujours fermé les yeux
Pour dissiper la brume de dérision
Etc...

Nouveaux poèmes

à G.

NE PLUS PARTAGER

Au soir de la folie, nu et clair,
L'espace entre les choses a la forme de mes paroles
La forme des paroles d'un inconnu,
D'un vagabond qui dénoue la ceinture de sa gorge
Et qui prend les échos au lasso.

Entre des arbres et des barrières,
Entre des murs et des mâchoires,
Entre ce grand oiseau tremblant
Et la colline qui l'accable,
L'espace a la forme de mes regards.

Mes yeux sont inutiles,
Le règne de la poussière est fini,
La chevelure de la route a mis son manteau rigide,
Elle ne fuit plus, je ne bouge plus,
Tous les ponts sont coupés, le ciel n'y passera plus
Je peux bien n'y plus voir.
Le monde se détache de mon univers
Et, tout au sommet des batailles,
Quand la saison du sang se fane dans mon cerveau,
Je distingue le jour de cette clarté d'homme

Qui est la mienne,
Je distingue le vertige de la liberté,
La mort de l'ivresse,
Le sommeil du rêve,

O reflets sur moi-même! ô mes reflets sanglants!

ABSENCES

I

La plate volupté et le pauvre mystère
Que de n'être pas vu.

Je vous connais, couleur des arbres et des villes,
Entre nous est la transparence de coutume
Entre les regards éclatants.
Elle roule sur pierres
Comme l'eau se dandine.
D'un côté de mon cœur des vierges s'obscurcissent,
De l'autre la main douce est au flanc des collines.
La courbe de peu d'eau provoque cette chute,
Ce mélange de miroirs.
Lumières de précision, je ne cligne pas des yeux,
Je ne bouge pas,
Je parle
Et quand je dors
Ma gorge est une bague à l'enseigne de tulle.

ABSENCES

II

Je sors au bras des ombres,
Je suis au bas des ombres,
Seul.

La pitié est plus haut et peut bien y rester,
La vertu se fait l'aumône de ses seins
Et la grâce s'est prise dans les filets de ses paupières.
Elle est plus belle que les figures des gradins,
Elle est plus dure,
Elle est en bas avec les pierres et les ombres.
Je l'ai rejointe.

C'est ici que la clarté livre sa dernière bataille.
Si je m'endors, c'est pour ne plus rêver.
Quelles seront alors les armes de mon triomphe?
Dans mes yeux grands ouverts le soleil fait les joints,
O jardin de mes yeux!
Tous les fruits sont ici pour figurer des fleurs,
Des fleurs dans la nuit.
Une fenêtre de feuillage

S'ouvre soudain dans son visage.
Où poserai-je mes lèvres, nature sans rivage?

Une femme est plus belle que le monde où je vis
Et je ferme les yeux.
Je sors au bras des ombres,
Je suis au bas des ombres
Et des ombres m'attendent.

FIN DES CIRCONSTANCES

Un bouquet tout défait brûle les coqs des vagues
Et le plumage entier de la perdition
Rayonne dans la nuit et dans la mer du ciel.
Plus d'horizon, plus de ceinture,
Les naufragés, pour la première fois, font des gestes
qui ne les soutiennent pas. Tout se diffuse, rien ne
s'imagine plus.

BAIGNEUSE DU CLAIR AU SOMBRE

L'après-midi du même jour. Légère, tu bouges et, légers, le sable et la mer bougent.

Nous admirons l'ordre des choses, l'ordre des pierres, l'ordre des clartés, l'ordre des heures. Mais cette ombre qui disparaît et cet élément douloureux, qui disparaît.

Le soir, la noblesse est partie de ce ciel. Ici, tout se blottit dans un feu qui s'éteint.

Le soir. La mer n'a plus de lumière et, comme aux temps anciens, tu pourrais dormir dans la mer.

95

PABLO PICASSO

Les armes du sommeil ont creusé dans la nuit
Les sillons merveilleux qui séparent nos têtes.
A travers le diamant, toute médaille est fausse,
Sous le ciel éclatant, la terre est invisible.

Le visage du cœur a perdu ses couleurs
Et le soleil nous cherche et la neige est aveugle.
Si nous l'abandonnons, l'horizon a des ailes
Et nos regards au loin dissipent les erreurs.

PREMIÈRE DU MONDE

A Pablo Picasso.

Captive de la plaine, agonisante folle,
La lumière sur toi se cache, vois le ciel :
Il a fermé les yeux pour s'en prendre à ton rêve,
Il a fermé ta robe pour briser tes chaînes.

Devant les roues toutes nouées
Un éventail rit aux éclats.
Dans les traîtres filets de l'herbe
Les routes perdent leur reflet.

Ne peux-tu donc prendre les vagues
Dont les barques sont les amandes
Dans ta paume chaude et câline
Ou dans les boucles de ta tête ?

Ne peux-tu prendre les étoiles ?
Écartelée, tu leur ressembles,
Dans leur nid de feu tu demeures
Et ton éclat s'en multiplie.

De l'aube bâillonnée un seul cri veut jaillir,
Un soleil tournoyant ruisselle sous l'écorce.
Il ira se fixer sur tes paupières closes.
O douce, quand tu dors, la nuit se mêle au jour.

Sous la menace rouge d'une épée, défaisant sa chevelure qui guide des baisers, qui montre à quel endroit le baiser se repose, elle rit. L'ennui, sur son épaule, s'est endormi. L'ennui ne s'ennuie qu'avec elle qui rit, la téméraire, et d'un rire insensé, d'un rire de fin du jour semant sous tous les ponts des soleils rouges, des lunes bleues, fleurs fanées d'un bouquet désenchanté. Elle est comme une grande voiture de blé et ses mains germent et nous tirent la langue. Les routes qu'elle traîne derrière elle sont ses animaux domestiques et ses pas majestueux leur ferment les yeux.

CACHÉE

Le jardinage est la passion, belle bête de jardinier.
Sous les branches, sa tête semblait couverte de pattes
légères d'oiseaux. A un fils qui voit dans les arbres.

L'AS DE TRÈFLE

Elle joue comme nul ne joue et je suis seul à la regarder. Ce sont ses yeux qui la ramènent dans mes songes. Presque immobile, à l'aventure.

Et cet autre qu'elle prend par les ailes de ses oreilles a gardé la forme de ses auréoles. Dans l'accolade de ses mains, une hirondelle aux cheveux plats se débat sans espoir. Elle est aveugle.

A LA FLAMME DES FOUETS

Ces beaux murs blancs d'apothéose
Me sont d'une grande utilité.
Tout au sérieux, celui qui ne paie pas les dégâts
Jongle avec ton trousseau, reine des lavandes.

Est-il libre? Sa gorge montre d'un doigt impérieux
Des corridors où glissent les sifflets de ses chevilles.
Son teint, de l'aube au soir, démode ses tatouages
Et l'asile de ses yeux a des portes sans nuages.

O régicide! ton corset appartient aux mignons
Et aux mignonnes de toutes sortes. Ta chair simple s'y
[développe,
Tu t'y pourlèches dans la pourpre, ô nouveau
[médiateur!
Par les fentes de ton sourire s'envole un animal
[hurleur

Qui ne jouit que dans les hauteurs.

A LA FLAMME DES FOUETS

Métal qui nuit, métal de jour, étoile au nid,
Pointe à frayeur, fruit en guenilles, amour rapace,
Porte-couteau, souillure vaine, lampe inondée,
Souhaits d'amour, fruits de dégoût, glaces prostituées.

Bien sûr, bonjour à mon visage!
La lumière y sonne plus clair un grand désir qu'un
                                        [paysage.
Bien sûr, bonjour à vos harpons,
A vos cris, à vos bonds, à votre ventre qui se cache!

J'ai perdu, j'ai gagné, voyez sur quoi je suis monté.

BOIRE

Les bouches ont suivi le chemin sinueux
Du verre ardent, du verre d'astre
Et dans le puits d'une étincelle
Ont mangé le cœur du silence.

Plus un mélange n'est absurde —
C'est ici que l'on voit le créateur de mots
Celui qui se détruit dans les fils qu'il engendre
Et qui nomme l'oubli de tous les noms du monde.

Quand le fond du verre est désert,
Quand le fond du verre est fané
Les bouches frappent sur le verre
Comme sur un mort.

ANDRÉ MASSON

La cruauté se noue et la douceur agile se dénoue. L'amant des ailes prend des visages bien clos, les flammes de la terre s'évadent par les seins et le jasmin des mains s'ouvre sur une étoile.

Le ciel tout engourdi, le ciel qui se dévoue n'est plus sur nous. L'oubli, mieux que le soir, l'efface. Privée de sang et de reflets, la cadence des tempes et des colonnes subsiste.

Les lignes de la main, autant de branches dans le vent tourbillonnant. Rampe des mois d'hiver, jour pâle d'insomnie, mais aussi, dans les chambres les plus secrètes de l'ombre, la guirlande d'un corps autour de sa splendeur.

PAUL KLEE

Sur la pente fatale, le voyageur profite
De la faveur du jour, verglas et sans cailloux,
Et les yeux bleus d'amour, découvre sa saison
Qui porte à tous les doigts de grands astres en bague.

Sur la plage la mer a laissé ses oreilles
Et le sable creusé la place d'un beau crime.
Le supplice est plus dur aux bourreaux qu'aux
                                            [victimes
Les couteaux sont des signes et les balles des larmes.

LES GERTRUDE HOFFMANN GIRLS

Gertrude, Dorothy, Mary, Claire, Alberta,
Charlotte, Dorothy, Ruth, Catherine, Emma,
Louise, Margaret, Ferral, Harriet, Sara,
Florence toute nue, Margaret, Toots, Thelma,

Belles-de-nuit, belles-de-feu, belles-de-pluie,
Le cœur tremblant, les mains cachées, les yeux au vent
Vous me montrez les mouvements de la lumière,
Vous échangez un regard clair pour un printemps,

Le tour de votre taille pour un tour de fleur,
L'audace et le danger pour votre chair sans ombre,
Vous échangez l'amour pour des frissons d'épées
Et le rire inconscient pour des promesses d'aube.

Vos danses sont le gouffre effrayant de mes songes
Et je tombe et ma chute éternise ma vie,
L'espace sous vos pieds est de plus en plus vaste,
Merveilles, vous dansez sur les sources du ciel.

PARIS PENDANT LA GUERRE

Les bêtes qui descendent des faubourgs en feu,
Les oiseaux qui secouent leurs plumes meurtrières,
Les terribles ciels jaunes, les nuages tout nus
Ont, en toute saison, fêté cette statue.

Elle est belle, statue vivante de l'amour.
O neige de midi, soleil sur tous les ventres,
O flammes du sommeil sur un visage d'ange
Et sur toutes les nuits et sur tous les visages.

Silence. Le silence éclatant de ses rêves
Caresse l'horizon. Ses rêves sont les nôtres
Et les mains de désir qu'elle impose à son glaive
Enivrent d'ouragans le monde délivré.

L'icône aérée qui se conjugue isolément peut faire une place décisive à la plus fausse des couronnes ovales, crâne de Dieu, polluée par la terreur. L'os gâté par l'eau, ironie à flots irrités qui domine de ses yeux froids comme l'aiguille sur la machine des bonnes mères la tranche du globe que nous n'avons pas choisie.

Doux constructeurs las des églises, doux constructeurs aux tempes de briques roses, aux yeux grillés d'espoir, la tâche que vous deviez faire est pour toujours inachevée. Maisons plus fragiles que les paupières d'un mourant, allaient-ils s'y employer à qui perd gagne? Boîtes de perles avec, aux vitres, des visages multicolores qui ne se doutent jamais de la pluie ou du beau temps, du soleil d'ivoire ou de la lune tour à tour de soufre et d'acajou, grands animaux immobiles dans les veines du temps, l'aube de midi, l'aube de minuit, l'aube qui n'a jamais rien commencé ni rien fini, cette cloche qui partout et sans cesse sonne le milieu, le cœur de toute chose, ne vous gênera pas. Grandes couvertures de plomb sur des chevelures lisses et odorantes, grand amour transparent sur des corps printaniers, délicats esclaves des prisonniers, vos gestes sont les échelles de votre force, vos larmes ont terni l'insouciance de vos maîtres impuissants et désormais vous pouvez rire effrontément, rire, bouquet d'épées, rire, vent de poussière, rire comme arcs-en-ciel tombés de leur balance, comme un poisson géant qui tourne sur lui-même. La liberté a quitté votre corps.

Le diamant qu'il ne t'a pas donné c'est parce qu'il l'a eu à la fin de sa vie, il n'en connaissait plus la musique, il ne pouvait plus le lancer en l'air, il avait perdu l'illusion du soleil, il ne voyait plus la pierre de ta nudité, chaton de cette bague tournée vers toi.

De l'arabesque qui fermait les lieux d'ivresse, la ronce douce, squelette de ton pouce et tous ces signes précurseurs de l'incendie animal qui dévorera en un clin de retour de flamme ta grâce de la Sainte-Claire.

Dans les lieux d'ivresse, la bourrasque de palmes et de vin noir fait rage. Les figures dentelées du jugement d'hier conservent aux journées leurs heures entrouvertes. Es-tu sûre, héroïne aux sens de phare, d'avoir vaincu la miséricorde et l'ombre, ces deux sœurs lavandières, prenons-les à la gorge, elles ne sont pas jolies et pour ce que nous voulons en faire, le monde se détachera bien assez vite de leur crinière peignant l'encens sur le bord des fontaines.

L'hiver sur la prairie apporte des souris.
J'ai rencontré la jeunesse.
Toute nue aux plis de satin bleu,
Elle riait du présent, mon bel esclave.

Les regards dans les rênes du coursier,
Délivrant le bercement des palmes de mon sang,
Je découvre soudain le raisin des façades couchées sur
                                        [le soleil,
Fourrure du drapeau des détroits insensibles.

La consolation graine perdue,
Le remords pluie fondue,
La douleur bouche en cœur
Et mes larges mains luttent.

La tête antique du modèle
Rougit devant ma modestie.
Je l'ignore, je la bouscule.
O! lettre aux timbres incendiaires
Qu'un bel espion n'envoya pas!
Il glissa une hache de pierre

Dans la chemise de ses filles,
De ses filles tristes et paresseuses.

A terre, à terre tout ce qui nage!
A terre, à terre tout ce qui vole!
J'ai besoin des poissons pour porter ma couronne
Autour de mon front,

J'ai besoin des oiseaux pour parler à la foule.

Grandes conspiratrices, routes sans destinée, croisant l'x de mes pas hésitants, nattes gonflées de pierres ou de neige, puits légers dans l'espace, rayons de la roue des voyages, routes de brises et d'orages, routes viriles dans les champs humides, routes féminines dans les villes, ficelles d'une toupie folle, l'homme, à vous fréquenter, perd son chemin et cette vertu qui le condamne aux buts. Il dénoue sa présence, il abdique son image et rêve que les étoiles vont se guider sur lui.

LEURS YEUX TOUJOURS PURS

Jours de lenteur, jours de pluie,
Jours de miroirs brisés et d'aiguilles perdues,
Jours de paupières closes à l'horizon des mers,
D'heures toutes semblables, jours de captivité,

Mon esprit qui brillait encore sur les feuilles
Et les fleurs, mon esprit est nu comme l'amour,
L'aurore qu'il oublie lui fait baisser la tête
Et contempler son corps obéissant et vain.

Pourtant, j'ai vu les plus beaux yeux du monde,
Dieux d'argent qui tenaient des saphirs dans leurs
[mains,
De véritables dieux, des oiseaux dans la terre
Et dans l'eau, je les ai vus.

Leurs ailes sont les miennes, rien n'existe
Que leur vol qui secoue ma misère,
Leur vol d'étoile et de lumière
Leur vol de terre, leur vol de pierre
Sur les flots de leurs ailes,

Ma pensée soutenue par la vie et la mort.

MAX ERNST

Dévoré par les plumes et soumis à la mer,
Il a laissé passer son ombre dans le vol
Des oiseaux de la liberté.
Il a laissé
La rampe à ceux qui tombent sous la pluie,
Il a laissé leur toit à tous ceux qui se vérifient.

Son corps était en ordre,
Le corps des autres est venu disperser
Cette ordonnance qu'il tenait
De la première empreinte de son sang sur terre.

Ses yeux sont dans un mur
Et son visage est leur lourde parure.
Un mensonge de plus du jour,
Une nuit de plus, il n'y a plus d'aveugles.

UNE

Je suis tombé de ma fureur, la fatigue me défigure,
mais je vous aperçois encore, femmes bruyantes, étoiles
muettes, je vous apercevrai toujours, folie.

Et toi, le sang des astres coule en toi, leur lumière
te soutient. Sur les fleurs, tu te dresses avec les fleurs,
sur les pierres avec les pierres.

Blanche éteinte des souvenirs, étalée, étoilée, rayon-
nante de tes larmes qui fuient. Je suis perdu.

LE PLUS JEUNE

Au plafond de la libellule
Un enfant fou s'est pendu,
Fixement regarde l'herbe,
Confiant lève les yeux :
Le brouillard léger se lèche comme un chat
Qui se dépouille de ses rêves.
L'enfant sait que le monde commence à peine :
Tout est transparent,
C'est la lune qui est au centre de la terre,
C'est la verdure qui couvre le ciel
Et c'est dans les yeux de l'enfant,
Dans ses yeux sombres et profonds
Comme les nuits blanches
Que naît la lumière.

AU HASARD

Au hasard une épopée, mais bien finie maintenant,
Tous les actes sont prisonniers
D'esclaves à barbe d'ancêtre
Et les paroles coutumières
Ne valent que dans leur mémoire.

Au hasard tout ce qui brûle, tout ce qui ronge,
Tout ce qui use, tout ce qui mord, tout ce qui tue,
Mais ce qui brille tous les jours
C'est l'accord de l'homme et de l'or,
C'est un regard lié à la terre.

Au hasard une délivrance,
Au hasard l'étoile filante
Et l'éternel ciel de ma tête
S'ouvre plus large à son soleil,
A l'éternité du hasard.

L'absolue nécessité, l'absolu désir, découdre tous ces habits, le plomb de la verdure qui dort sous la feuillée avec un tapis rouge dans les cheveux d'ordre et de brûlures semant la pâleur, l'azurine de teinte de la poudre d'or du chercheur de noir au fond du rideau dur et renâclant l'humide désertion, poussant le verre ardent, hachure dépendant de l'éternité délirante du pauvre, la machine se disperse et retrouve la ronde armature des rousses au désir de sucre rouge.

Le fleuve se détend, passe avec adresse dans le soleil, regarde la nuit, la trouve belle et à son goût, passe son bras sous le sien et redouble de brutalité, la douceur étant la conjonction d'un œil fermé avec un œil ouvert ou du dédain avec l'enthousiasme, du refus avec la confiance et de la haine avec l'amour, voyez quand même la barrière de cristal que l'homme a fermée devant l'homme, il restera pris par les rubans de sa crinière de troupeaux, de foules, de processions, d'incendies, de semailles, de voyages, de réflexions, d'épopées, de chaînes, de vêtements jetés, de virginités arrachées, de batailles, de triomphes passés ou futurs, de liquides, de satisfactions, de rancunes, d'enfants abandonnés, de souvenirs, d'espoirs, de familles, de races, d'armées, de miroirs, d'enfants de chœur, de chemins de croix, de chemins de fer, de traces, d'appels, de cadavres, de larcins, de pétrifications, de parfums, de promesses, de pitié, de vengeances, de délivrances — dis-je — de délivrances comme au son des clairons ordonnant au cerveau de ne plus se laisser distraire par les masques successifs et féminins d'un hasard d'occasion, aux prunelles des haies, la cavalcade sanglante et plus douce au cœur de l'homme averti de la paix que la couronne des rêves insouciante des ruines du sommeil.

ENTRE PEU D'AUTRES

A Philippe Soupault.

Ses yeux ont tout un ciel de larmes.
Ni ses paupières, ni ses mains
Ne sont une nuit suffisante
Pour que sa douleur s'y cache.

Il ira demander
Au Conseil des Visages
S'il est encore capable
De chasser sa jeunesse

Et d'être dans la plaine
Le pilote du vent.
C'est une affaire d'expérience :
Il prend sa vie par le milieu.

Seuls, les plateaux de la balance...

Revenir dans une ville de velours et de porcelaine, les fenêtres seront des vases où les fleurs, qui auront quitté la terre, montreront la lumière telle qu'elle est.

Voir le silence, lui donner un baiser sur les lèvres et les toits de la ville seront de beaux oiseaux mélancoliques, aux ailes décharnées.

Ne plus aimer que la douceur et l'immobilité à l'œil de plâtre, au front de nacre, à l'œil absent, au front vivant, aux mains qui, sans se fermer, gardent tout sur leurs balances, les plus justes du monde, invariables, toujours exactes.

Le cœur de l'homme ne rougira plus, il ne se perdra plus, je reviens de moi-même, de toute éternité.

GEORGES BRAQUE

Un oiseau s'envole,
Il rejette les nues comme un voile inutile,
Il n'a jamais craint la lumière,
Enfermé dans son vol,
Il n'a jamais eu d'ombre.

Coquilles des moissons brisées par le soleil.
Toutes les feuilles dans les bois disent oui,
Elles ne savent dire que oui,
Toute question, toute réponse
Et la rosée coule au fond de ce oui.

Un homme aux yeux légers décrit le ciel d'amour.
Il en rassemble les merveilles
Comme des feuilles dans un bois,
Comme des oiseaux dans leurs ailes
Et des hommes dans le sommeil.

Dans la brume où des verres d'eau s'entrechoquent, où les serpents cherchent du lait, un monument de laine et de soie disparaît. C'est là que, la nuit dernière, apportant leur faiblesse, toutes les femmes entrèrent. Le monde n'était pas fait pour leurs promenades incessantes, pour leur démarche languissante, pour leur recherche de l'amour. Grand pays de bronze de la belle époque, par tes chemins en pente douce, l'inquiétude a déserté.

Il faudra se passer des gestes plus doux que l'odeur, des yeux plus clairs que la puissance, il y aura des cris, des pleurs, des jurons et des grincements de dents.

Les hommes qui se coucheront ne seront plus désormais que les pères de l'oubli. A leurs pieds le désespoir aura la belle allure des victoires sans lendemain, des auréoles sous le beau ciel bleu dont nous étions parés.

Un jour, ils en seront las, un jour ils seront en colère, aiguilles de feu, masques de poix et de moutarde, et la femme se lèvera, avec des mains dangereuses, avec des yeux de perdition, avec un corps dévasté, rayonnant à toute heure.

Et le soleil refleurira, comme le mimosa.

LES NOMS :
CHÉRI-BIBI, GASTON LEROUX

Il a dû bien souffrir avec ces oiseaux! Il a pris le goût des animaux, faudra-t-il le manger? Mais il gagne son temps et roule vers le paradis. C'est BOUCHE-DE-CŒUR qui tient la roue et non CHÉRI-BIBI. On le nomme aussi MAMAN, par erreur.

LA NUIT

Caresse l'horizon de la nuit, cherche le cœur de jais que l'aube recouvre de chair. Il mettrait dans tes yeux des pensées innocentes, des flammes, des ailes et des verdures que le soleil n'inventa pas.

Ce n'est pas la nuit qui te manque, mais sa puissance.

ARP

Tourne sans reflets aux courbes sans sourires des ombres à moustaches, enregistre les murmures de la vitesse, la terreur minuscule, cherche sous des cendres froides les plus petits oiseaux, ceux qui ne ferment jamais leurs ailes, résiste au vent.

JOAN MIRO

Soleil de proie prisonnier de ma tête,
Enlève la colline, enlève la forêt.
Le ciel est plus beau que jamais.
Les libellules des raisins
Lui donnent des formes précises
Que je dissipe d'un geste.

Nuages du premier jour,
Nuages insensibles et que rien n'autorise,
Leurs graines brûlent
Dans les feux de paille de mes regards.

A la fin, pour se couvrir d'une aube
Il faudra que le ciel soit aussi pur que la nuit.

JOUR DE TOUT

Empanaché plat, compagnie et compagnie a la parole facile, tout à dire. Peur plus tiède que le soleil. Il est pâle et sans défauts. Compagnie et compagnie s'est habitué à la lumière.

Est-ce avoir l'air musicien que d'avoir l'air des villes? Il parle, roses des mots ignorés de la plume.

Et je me dresse devant lui comme le mât d'une tente, et je suis au sommet du mât, colombe.

L'image d'homme, au-dehors du souterrain, resplendit. Des plaines de plomb semblent lui offrir l'assurance qu'elle ne sera plus renversée, mais ce n'est que pour la replonger dans cette grande tristesse qui la dessine. La force d'autrefois, oui la force d'autrefois se suffisait à elle-même. Tout secours est inutile, elle périra par extinction, mort douce et calme.

Elle entre dans les bois épais, dont la silencieuse solitude jette l'âme dans une mer où les vagues sont des lustres et des miroirs. La belle étoile de feuilles blanches qui, sur un plan plus éloigné, semble la reine des couleurs, contraste avec la substance des regards, appuyés sur les troncs de l'incalculable impéritie des végétaux bien accordés.

Au-dehors du souterrain, l'image d'homme manie cinq sabres ravageurs. Elle a déjà creusé la masure où s'abrite le règne noir des amateurs de mendicité, de bassesse et de prostitution. Sur le plus grand vaisseau qui déplace la mer, l'image d'homme s'embarque et conte aux matelots revenant des naufrages une histoire de brigands : « A cinq ans, sa mère lui confia un trésor. Qu'en faire? Sinon de l'amadouer. Elle rompit de ses bras d'enfer la caisse de verre où dorment les pauvres merveilles des hommes. Les merveilles la suivirent. L'œillet de poète sacrifia les cieux pour une chevelure blonde. Le caméléon s'attarda dans une clairière pour y construire un minuscule palais de fraises et d'araignées, les pyramides d'Égypte faisaient rire les passants, car elles ne savaient pas que la pluie désaltère la terre. Enfin, le papillon d'orange secoua ses pépins sur les paupières des enfants qui crurent sentir passer le marchand de sable. »

L'image d'homme rêve, mais plus rien n'est accroché à ses rêves que la nuit sans rivale. Alors, pour rappeler les matelots à l'apparence de quelque raison, quelqu'un qu'on avait cru ivre prononce lentement cette phrase :

« Le bien et le mal doivent leur origine à l'abus de quelques erreurs. »

LE MIROIR D'UN MOMENT

Il dissipe le jour,
Il montre aux hommes les images déliées de l'apparence,
Il enlève aux hommes la possibilité de se distraire.
Il est dur comme la pierre,
La pierre informe,
La pierre du mouvement et de la vue,
Et son éclat est tel que toutes les armures, tous les masques en sont faussés.
Ce que la main a pris dédaigne même de prendre la forme de la main,
Ce qui a été compris n'existe plus,
L'oiseau s'est confondu avec le vent,
Le ciel avec sa vérité,
L'homme avec sa réalité.

Ta chevelure d'oranges dans le vide du monde
Dans le vide des vitres lourdes de silence
Et d'ombre où mes mains nues cherchent tous tes
[reflets.

La forme de ton cœur est chimérique
Et ton amour ressemble à mon désir perdu.
O soupirs d'ambre, rêves, regards.

Mais tu n'as pas toujours été avec moi. Ma mémoire
Est encore obscurcie de t'avoir vu venir
Et partir. Le temps se sert de mots comme l'amour.

Les lumières dictées à la lumière constante et pauvre passent avec moi toutes les écluses de la vie. Je reconnais les femmes à fleur de leurs cheveux, de leur poitrine et de leurs mains. Elles ont oublié le printemps, elles pâlissent à perte d'haleine.

Et toi, tu te dissimulais comme une épée dans la déroute, tu t'immobilisais, orgueil, sur le large visage de quelque déesse méprisante et masquée. Toute brillante d'amour, tu fascinais l'univers ignorant.

Je t'ai saisie et depuis, ivre de larmes, je baise partout pour toi l'espace abandonné.

Ta bouche aux lèvres d'or n'est pas en moi pour rire
Et tes mots d'auréole ont un sens si parfait
Que dans mes nuits d'années, de jeunesse et de mort
J'entends vibrer ta voix dans tous les bruits du monde.

Dans cette aube de soie où végète le froid
La luxure en péril regrette le sommeil,
Dans les mains du soleil tous les corps qui s'éveillent
Grelottent à l'idée de retrouver leur cœur.

Souvenirs de bois vert, brouillard où je m'enfonce
J'ai refermé les yeux sur moi, je suis à toi,
Toute ma vie t'écoute et je ne peux détruire
Les terribles loisirs que ton amour me crée.

Elle est — mais elle n'est qu'à minuit quand tous
les oiseaux blancs ont refermé leurs ailes sur l'igno-
rance des ténèbres, quand la sœur des myriades de
perles a caché ses deux mains dans sa chevelure morte,
quand le triomphateur se plaît à sangloter, las de ses
dévotions à la curiosité, mâle et brillante armure de
luxure. Elle est si douce qu'elle a transformé mon
cœur. J'avais peur des grandes ombres qui tissent les
tapis du jeu et les toilettes, j'avais peur des contor-
sions du soleil le soir, des incassables branches qui
purifient les fenêtres de tous les confessionnaux où
des femmes endormies nous attendent.

O buste de mémoire, erreur de forme, lignes
absentes, flamme éteinte dans mes yeux clos, je suis
devant ta grâce comme un enfant dans l'eau, comme
un bouquet dans un grand bois. Nocturne, l'univers se
meut dans ta chaleur et les villes d'hier ont des
gestes de rue plus délicats que l'aubépine, plus sai-
sissants que l'heure. La terre au loin se brise en sou-
rires immobiles, le ciel enveloppe la vie : un nouvel
astre de l'amour se lève de partout — fini, il n'y a
plus de preuves de la nuit.

LE GRAND JOUR

Viens, monte. Bientôt les plumes les plus légères, scaphandrier de l'air, te tiendront par le cou.

La terre ne porte que le nécessaire et tes oiseaux de belle espèce, sourire. Aux lieux de ta tristesse, comme une ombre derrière l'amour, le paysage couvre tout.

Viens vite, cours. Et ton corps va plus vite que tes pensées, mais rien, entends-tu? rien, ne peut te dépasser.

La courbe de tes yeux fait le tour de mon cœur,
 Un rond de danse et de douceur,
 Auréole du temps, berceau nocturne et sûr,
Et si je ne sais plus tout ce que j'ai vécu
C'est que tes yeux ne m'ont pas toujours vu.

Feuilles de jour et mousse de rosée,
Roseaux du vent, sourires parfumés,
Ailes couvrant le monde de lumière,
Bateaux chargés du ciel et de la mer,
Chasseurs des bruits et sources des couleurs

Parfums éclos d'une couvée d'aurores
Qui gît toujours sur la paille des astres,
Comme le jour dépend de l'innocence
Le monde entier dépend de tes yeux purs
Et tout mon sang coule dans leurs regards.

CELLE DE TOUJOURS, TOUTE

Si je vous dis : « j'ai tout abandonné »
C'est qu'elle n'est pas celle de mon corps,
Je ne m'en suis jamais vanté,
Ce n'est pas vrai
Et la brume de fond où je me meus
Ne sait jamais si j'ai passé.

L'éventail de sa bouche, le reflet de ses yeux,
Je suis le seul à en parler,
Je suis le seul qui soit cerné
Par ce miroir si nul où l'air circule à travers moi
Et l'air a un visage, un visage aimé,
Un visage aimant, ton visage,
A toi qui n'as pas de nom et que les autres ignorent,
La mer te dit : sur moi, le ciel te dit : sur moi,
Les astres te devinent, les nuages t'imaginent
Et le sang répandu aux meilleurs moments,
Le sang de la générosité
Te porte avec délices.
Je chante la grande joie de te chanter,
La grande joie de t'avoir ou de ne pas t'avoir,
La candeur de t'attendre, l'innocence de te connaître,

O toi qui supprimes l'oubli, l'espoir et l'ignorance,
Qui supprimes l'absence et qui me mets au monde,
Je chante pour chanter, je t'aime pour chanter •
Le mystère où l'amour me crée et se délivre.

Tu es pure, tu es encore plus pure que moi-même.

L'AMOUR LA POÉSIE

à Gala
ce livre sans fin.

Premièrement

I

A haute voix
L'amour agile se leva
Avec de si brillants éclats
Que dans son grenier le cerveau
Eut peur de tout avouer.

A haute voix
Tous les corbeaux du sang couvrirent
La mémoire d'autres naissances
Puis renversés dans la lumière
L'avenir roué de baisers.

Injustice impossible un seul être est au monde
L'amour choisit l'amour sans changer de visage.

II

Ses yeux sont des tours de lumière
Sous le front de sa nudité.

A fleur de transparence
Les retours de pensées
Annulent les mots qui sont sourds.

Elle efface toutes les images
Elle éblouit l'amour et ses ombres rétives
Elle aime — elle aime à s'oublier.

III

Les représentants tout-puissants du désir
Des yeux graves nouveau-nés
Pour supprimer la lumière
L'arc de tes seins tendu par un aveugle
Qui se souvient de tes mains
Ta faible chevelure
Est dans le fleuve ignorant de ta tête
Caresses au fil de la peau

Et ta bouche qui se tait
Peut prouver l'impossible.

IV

Je te l'ai dit pour les nuages
Je te l'ai dit pour l'arbre de la mer
Pour chaque vague pour les oiseaux dans les feuilles
Pour les cailloux du bruit
Pour les mains familières
Pour l'œil qui devient visage ou paysage
Et le sommeil lui rend le ciel de sa couleur
Pour toute la nuit bue
Pour la grille des routes
Pour la fenêtre ouverte pour un front découvert
Je te l'ai dit pour tes pensées pour tes paroles
Toute caresse toute confiance se survivent.

V

Plus c'était un baiser
Moins les mains sur les yeux
Les halos de la lumière
Aux lèvres de l'horizon
Et des tourbillons de sang
Qui se livraient au silence.

VI

Toi la seule et j'entends les herbes de ton rire
Toi c'est ta tête qui t'enlève
Et du haut des dangers de mort
Sur les globes brouillés de la pluie des vallées
Sous la lumière lourde sous le ciel de terre
Tu enfantes la chute.

Les oiseaux ne sont plus un abri suffisant
Ni la paresse ni la fatigue
Le souvenir des bois et des ruisseaux fragiles
Au matin des caprices
Au matin des caresses visibles
Au grand matin de l'absence la chute.
Les barques de tes yeux s'égarent
Dans la dentelle des disparitions
Le gouffre est dévoilé aux autres de l'éteindre
Les ombres que tu crées n'ont pas droit à la nuit.

VII

La terre est bleue comme une orange
Jamais une erreur les mots ne mentent pas
Ils ne vous donnent plus à chanter
Au tour des baisers de s'entendre
Les fous et les amours
Elle sa bouche d'alliance
Tous les secrets tous les sourires
Et quels vêtements d'indulgence
A la croire toute nue.

Les guêpes fleurissent vert
L'aube se passe autour du cou
Un collier de fenêtres
Des ailes couvrent les feuilles
Tu as toutes les joies solaires
Tout le soleil sur la terre
Sur les chemins de ta beauté.

VIII

Mon amour pour avoir figuré mes désirs
Mis tes lèvres au ciel de tes mots comme un astre
Tes baisers dans la nuit vivante
Et le sillage de tes bras autour de moi
Comme une flamme en signe de conquête
Mes rêves sont au monde
Clairs et perpétuels.

Et quand tu n'es pas là
Je rêve que je dors je rêve que je rêve.

IX

Où la vie se contemple tout est submergé
Monté les couronnes d'oubli
Les vertiges au cœur des métamorphoses
D'une écriture d'algues solaires
L'amour et l'amour.

Tes mains font le jour dans l'herbe
Tes yeux font l'amour en plein jour
Les sourires par la taille
Et tes lèvres par les ailes
Tu prends la place des caresses
Tu prends la place des réveils.

X

Si calme la peau grise éteinte calcinée
Faible de la nuit prise dans ses fleurs de givre
Elle n'a plus de la lumière que les formes.

Amoureuse cela lui va bien d'être belle
Elle n'attend pas le printemps.

La fatigue la nuit le repos le silence
Tout un monde vivant entre des astres morts
La confiance dans la durée
Elle est toujours visible quand elle aime.

XI

Elle ne sait pas tendre des pièges
Elle a les yeux sur sa beauté
Si simple si simple séduire
Et ce sont ses yeux qui l'enchaînent
Et c'est sur moi qu'elle s'appuie
Et c'est sur elle qu'elle jette
Le filet volant des caresses.

XII

Le mensonge menaçant les ruses dures et glissantes
Des bouches au fond des puits des yeux au fond des
[nuits
Et des vertus subites des filets à jeter au hasard
Les envies d'inventer d'admirables béquilles
Des faux des pièges entre les corps entre les lèvres
Des patiences massives des impatiences calculées
Tout ce qui s'impose et qui règne
Entre la liberté d'aimer
Et celle de ne pas aimer
Tout ce que tu ne connais pas.

XIII

Amoureuse au secret derrière ton sourire
Toute nue les mots d'amour
Découvrent tes seins et ton cou
Et tes hanches et tes paupières
Découvrent toutes les caresses
Pour que les baisers dans tes yeux
Ne montrent que toi tout entière.

XIV

Le sommeil a pris ton empreinte
Et la colore de tes yeux.

XV

Elle se penche sur moi
Le cœur ignorant
Pour voir si je l'aime
Elle a confiance elle oublie
Sous les nuages de ses paupières
Sa tête s'endort dans mes mains
Où sommes-nous
Ensemble inséparables
Vivants vivants
Vivant vivante
Et ma tête roule en ses rêves.

XVI

Bouches gourmandes des couleurs
Et les baisers qui les dessinent
Flamme feuille l'eau langoureuse
Une aile les tient dans sa paume
Un rire les renverse.

XVII

D'une seule caresse
Je te fais briller de tout ton éclat.

XVIII

Bercée de chair frémissante pâture
Sur les rives du sang qui déchirent le jour
Le sang nocturne l'a chassée
Échevelée la gorge prise aux abus de l'orage
Victime abandonnée des ombres
Et des pas les plus doux et des désirs limpides
Son front ne sera plus le repos assuré
Ni ses yeux la faveur de rêver de sa voix
Ni ses mains les libératrices.

Criblée de feux criblée d'amour n'aimant personne
Elle se forge des douleurs démesurées
Et toutes ses raisons de souffrir disparaissent.

XIX

Une brise de danses
Par une route sans fin
Les pas des feuilles plus rapides
Les nuages cachent ton ombre.

La bouche au feu d'hermine
A belles dents le feu
Caresse couleur de déluge
Tes yeux chassent la lumière.

La foudre rompt l'équilibre
Les fuseaux de la peur
Laissent tomber la nuit
Au fond de ton image.

XX

L'aube je t'aime j'ai toute la nuit dans les veines
Toute la nuit je t'ai regardée
J'ai tout à deviner je suis sûr des ténèbres
Elles me donnent le pouvoir
De t'envelopper
De t'agiter désir de vivre
Au sein de mon immobilité
Le pouvoir de te révéler
De te libérer de te perdre
Flamme invisible dans le jour.

Si tu t'en vas la porte s'ouvre sur le jour
Si tu t'en vas la porte s'ouvre sur moi-même.

XXI

Nos yeux se renvoient la lumière
Et la lumière le silence
A ne plus se reconnaître
A survivre à l'absence.

XXII

Le front aux vitres comme font les veilleurs de chagrin
Ciel dont j'ai dépassé la nuit
Plaines toutes petites dans mes mains ouvertes
Dans leur double horizon inerte indifférent
Le front aux vitres comme font les veilleurs de chagrin
Je te cherche par-delà l'attente
Par-delà moi-même
Et je ne sais plus tant je t'aime
Lequel de nous deux est absent.

XXIII

Voyage du silence
De mes mains à tes yeux

Et dans tes cheveux
Où des filles d'osier
S'adossent au soleil
Remuent les lèvres
Et laissent l'ombre à quatre feuilles
Gagner leur cœur chaud de sommeil.

XXIV

L'habituelle
Joue bonjour comme on joue l'aveugle
L'amour alors même qu'on y pense à peine
Elle est sur le rivage et dans tous les bras
Toujours
Les hasards sont à sa merci
Et les rêves des absents
Elle se sait vivante
Toutes les raisons de vivre,

XXV

Je me suis séparé de toi
Mais l'amour me précédait encore
Et quand j'ai tendu les bras
La douleur est venue s'y faire plus amère
Tout le désert à boire

Pour me séparer de moi-même.

XXVI

J'ai fermé les yeux pour ne plus rien voir
J'ai fermé les yeux pour pleurer
De ne plus te voir.

Où sont tes mains et les mains des caresses
Où sont tes yeux les quatre volontés du jour
Toi tout à perdre tu n'es plus là
Pour éblouir la mémoire des nuits.

Tout à perdre je me vois vivre.

XXVII

Les corbeaux battent la campagne
La nuit s'éteint
Pour une tête qui s'éveille
Les cheveux blancs le dernier rêve
Les mains se font jour de leur sang
De leurs caresses

Une étoile nommée azur
Et dont la forme est terrestre

Folle des cris à pleine gorge
Folle des rêves
Folle aux chapeaux de sœur cyclone
Enfance brève folle aux grands vents
Comment ferais-tu la belle la coquette

Ne rira plus
L'ignorance l'indifférence
Ne révèlent pas leur secret
Tu ne sais pas saluer à temps
Ni te comparer aux merveilles
Tu ne m'écoutes pas

Mais ta bouche partage l'amour
Et c'est par ta bouche
Et c'est derrière la buée de nos baisers
Que nous sommes ensemble.

XXVIII

Rouge amoureuse
Pour prendre part à ton plaisir
Je me colore de douleur.

J'ai vécu tu fermes les yeux
Tu t'enfermes en moi
Accepte donc de vivre.

Tout ce qui se répète est incompréhensible
Tu nais dans un miroir
Devant mon ancienne image.

XXIX

Il fallait bien qu'un visage
Réponde à tous les noms du monde.

I

A genoux la jeunesse à genoux la colère
L'insulte saigne menace ruines
Les caprices n'ont plus leur couronne les fous
Vivent patiemment dans le pays de tous.

Le chemin de la mort dangereuse est barré
Par des funérailles superbes
L'épouvante est polie la misère a des charmes
Et l'amour prête à rire aux innocents obèses.

Agréments naturels éléments en musique
Virginités de boue artifices de singe
Respectable fatigue honorable laideur
Travaux délicieux où l'oubli se repaît.
La souffrance est là par hasard
Et nous sommes le sol sur quoi tout est bâti
Et nous sommes partout
Où se lève le ciel des autres

Partout où le refus de vivre est inutile.

II

Toutes les larmes sans raison
Toute la nuit dans ton miroir
La vie du plancher au plafond
Tu doutes de la terre et de ta tête
Dehors tout est mortel
Pourtant tout est dehors
Tu vivras de la vie d'ici
Et de l'espace misérable
Qui répond à tes gestes
Qui placarde tes mots
Sur un mur incompréhensible

Et qui donc pense à ton visage ?

III

La solitude l'absence
Et ses coups de lumière
Et ses balances
N'avoir rien vu rien compris

La solitude le silence
Plus émouvant
Au crépuscule de la peur
Que le premier contact des larmes

L'ignorance l'innocence
La plus cachée
La plus vivante
Qui met la mort au monde.

IV

A droite je regarde dans les plus beaux yeux
A gauche entre les ailes aveugles de la peur
A droite à jour avec moi-même
A gauche sans raison aux sources de la vie.

J'écoute tous les mots que j'ai su inspirer
Et qui ne sont plus à personne
Je partage l'amour qui ne me connaît pas
Et j'oublie le besoin d'aimer.

Mais je tourne la tête pour reprendre corps
Pour nourrir le souci mortel d'être vivant
La honte sur un fond de grimaces natales.

V

En l'honneur des muets des aveugles des sourds
A la grande pierre noire sur les épaules
Les disparitions du monde sans mystère.

Mais aussi pour les autres à l'appel des choses par leur
La brûlure de toutes les métamorphoses   [nom
La chaîne entière des aurores dans la tête
Tous les cris qui s'acharnent à briser les mots

Et qui creusent la bouche et qui creusent les yeux
Où les couleurs furieuses défont les brumes de l'attente
Dressent l'amour contre la vie les morts en rêvent
Les bas-vivants partagent les autres sont esclaves
De l'amour comme on peut l'être de la liberté.

VI

La vie est accrochée aux armes menaçantes
Et c'est elle qui tue tout ce qui l'a comprise
Montre ton sang mère des miroirs
Ressemblance montre ton sang
Que les sources des jours simples se dessèchent
De honte comme des crépuscules.

VII

L'ignorance à chanter la nuit
Où le rire perd ses couleurs
Où les déments qui le dévorent
S'enivrent d'une goutte de sang
Rayonnante dans des glacières.

Les grands passages de la chair
Entre les os et les fatigues
Au front la mort à petit feu
Et les vitres vides d'alcool.
Frémissent comme l'oiseau de tête.

Le silence a dans la poitrine
Tous les flambeaux éteints du cœur.
Parmi les astres de mémoire
Les plaines traînent des orages
Et les baisers se multiplient

Dans les grands réflecteurs des rêves.

VIII

Les ombres blanches
Les fronts crevés des impuissances
Devant des natures idiotes
Des grimaces de murs
Le langage du rire
Et pour sauver la face
Les prisonniers de neige fondent dans leur prison
La face où les reflets des murs
Creusent l'habitude de la mort

IX

Les yeux brûlés du bois
Le masque inconnu papillon d'aventure
Dans les prisons absurdes
Les diamants du cœur
Collier du crime.

Des menaces montrent les dents
Mordent le rire
Arrachent les plumes du vent
Les feuilles mortes de la fuite.

La faim couverte d'immondices
Étreint le fantôme du blé
La peur en loques perce les murs
Des plaines pâles miment le froid.

Seule la douleur prend feu.

X

Les oiseaux maintenant volent de leurs propres ombres
Les regards n'ont pas ce pouvoir
Et les découvertes ont beau jeu
L'œil fermé brûlé dans toutes les têtes
L'homme est entre les images
Entre les hommes
Tous les hommes entre les hommes.

XI

Aux grandes inondations de soleil
Qui décolorent les parfums
Aux confins des saisons magiques
Aux soleils renversés
Beaux comme des gouttes d'eau
Les désirs se dédoublent
Voici qu'ils ont choisi
Les tortures les plus contraires
Visage admirable tout nu
Ridicule refusé comme rebelle
Dépaysé
Tournure secrète
Chemins de chair et ciel de tête
Et toi complice misérable
Avec des larmes entre les feuilles
Et ce grand mur que tu défends
Pour rien
Parce que tu croiras toujours
Avoir fait le mal par amour
Ce grand mur que tu défends
Inutilement.

Sous les paupières dans les chevelures
Je berce celles qui pensent à moi
Elles ont changé d'attitude
Depuis les temps vulgaires
Elles ont leur part de refus sur les bras
Les caresses n'ont pas délivré leur poitrine
Leurs gestes je les règle en leur disant adieu
Le souvenir de mes paroles exige le silence
Comme l'audace engage toute la dignité.

Entendez-moi
Je parle pour les quelques hommes qui se taisent
Les meilleurs.

XII

Sonnant les cloches du hasard à toute volée
Ils jouèrent à jeter les cartes par la fenêtre
Les désirs du gagnant prirent corps d'horizon
Dans le sillage des délivrances.

Il brûla les racines les sommets disparurent
Il brisa les barrières du soleil des étangs
Dans les plaines nocturnes le feu chercha l'aurore
Il commença tous les voyages par la fin
Et sur toutes les routes

Et la terre devint à se perdre nouvelle.

XIII

Pour voir se reproduire le soupçon des tombeaux
On ne s'embrasse plus la souffrance s'anime
Poitrine comme un incendie bien isolé vaincu
Le feu ne connaît plus son semblable qui dort
Il prend les ciseaux des jours et des nuits par la main
Il descend sur les branches les plus basses
Il tombe il a sur terre les débris d'une ombre.

XIV

Le piège obscur des hontes
Avec entre les doigts les brûlures du jour

Aussi loin que l'amour

Mais tout est semblable
Sur la peau d'abondance.

XV

Danseur faible qui dans les coins
Avance sa poitrine étroite
Il perd haleine il est dans un terrier
La nuit lui lèche les vertèbres
La terre mord son destin
Je suis sur le toit
Tu n'y viendras plus.

XVI

Ni crime de plomb
Ni justice de plume
Ni vivante d'amour
Ni morte de désir.

Elle est tranquille indifférente
Elle est fière d'être facile
Les grimaces sont dans les yeux
Des autres ceux qui la remuent.

Elle ne peut pas être seule
Elle se couronne d'oubli
Et sa beauté couvre les heures
Qu'il faut pour n'être plus personne.
Elle va partout fredonnant
Chanson monotone inutile
La forme de son visage.

XVII

Dignité symétrique vie bien partagée
Entre la vieillesse des rues
Et la jeunesse des nuages
Volets fermés les mains tremblantes de clarté
Les mains comme des fontaines
Et la tête domptée.

XVIII

Tristesse aux flots de pierre.

Des lames poignardent des lames
Des vitres cassent des vitres
Des lampes éteignent des lampes

Tant de liens brisés.

La flèche et la blessure
L'œil et la lumière
L'ascension et la tête.

Invisible dans le silence.

XIX

Les prisonniers ont envie de rire
Ils ont perdu les clefs de la curiosité
Ils chargent le désir de vivre
De chaînes légères
D'anciens reproches les réjouissent enco
La paresse n'est plus un mystère
L'indépendance est en prison.

XX

Ils n'animent plus la lumière
Ils ne jouent plus avec le feu
Pendus au mépris des victoires
Et limitant tous leurs semblables
Criant l'orage à bras ouverts
Aveugles d'avoir sur la face
Tous les yeux comme des baisers
La face battue par les larmes
Ils ont capturé la peur et l'ennui
Les solitaires pour tous
Ont réduit le silence
Et lui font faire des grimaces
Dans le désert de leur présence.

XXI

Le tranquille fléau doublé de plaintes
Tourbillonne sur des nuques gelées
Autant de fleurs à patins
De baisers de buée
Pour ce jet d'eau que les fièvres
Couronnent du feu des larmes
L'agonie du plus haut désir
Nouez les rires aux douleurs
Nouez les pillards aux vivants
Supplices misérables
Et la chute contre le vertige.

XXII

Le soleil en éveil sur la face crispée
De la mer barre toute et toute bleue
Sur un homme au grand jour sur l'eau qui se dérobe
Des nuées d'astres mûrs leur sens et leur durée
Soulèvent ses paupières à bout de vivre exténuées.

D'immortelles misères pour violer l'ennui
Installent le repos sur un roc de fatigues
Le corps creux s'est tourné l'horizon s'est noué
Quelles lumières où les conduire le regard levé
Le front têtu bondit sur l'eau comme une pierre
Sur une voie troublée de sources de douleur

Et des rides toujours nouvelles le purifient.

Comme une image

I

Je cache les sombres trésors
Des retraites inconnues
Le cœur des forêts le sommeil
D'une fusée ardente
L'horizon nocturne
Qui me couronne
Je vais la tête la première
Saluant d'un secret nouveau
La naissance des images.

II

La présence de la lavande au chevet des malades
Son damier les races prudentes desséchées
Pour changer les jours de fête leur serrer le cœur
La main de tous les diables sur les draps.

Supplice compliqué la branche aux singes aux
                                        [calembours
L'amitié la moitié la mère et la bannière
On tend la perche à la défaite
Les vieux sages ont leurs nerfs des grands jours.

Des lampes éteintes des lampes de bétel
Apparaissent au tournant d'un front
Puis la plante des têtes en série
Jumelles fil-à-fil et le sang bien coiffé

Soumises à la croissance.

III

Bouquet des sèves le brasier que chevauche le vent
Fumées en tête les armées de la prise du monde
L'écume des tourments aériens la présence
Les attaches du front le plus haut de la terre.

IV

Armure de proie le parfum noir rayonne
Les arbres sont coiffés d'un paysage en amande
Berceau de tous les paysages les clés les dés
Les plaines de soucis les montagnes d'albâtre
Les lampes de banlieue la pudeur les orages
Les gestes imprévus voués au feu
Les routes qui séparent la mer de ses noyés
Tous les rébus indéchiffrables.

La fleur de chardon construit un château
Elle monte aux échelles du vent
Et des graines à tête de mort.
Des étoiles d'ébène sur les vitres luisantes
Promettent tout à leurs amants
Les autres qui simulent
Maintiennent l'ordre de plomb.

Muet malheur de l'homme
Son visage petit matin
S'ouvre comme une prison
Ses yeux sont des têtes coupées
Ses doigts lui servent à compter

A mesurer à prendre à convaincre
Ses doigts savent le ligoter.

Ruine du public
Son émotion est en morceaux
Son enthousiasme à l'eau
Les parures suspendues aux terreurs de la foudre
Pâturages livides où des rochers bondissent
Pour en finir
Une tombe ornée de très jolis bibelots
Un voile de soie sur les lenteurs de la luxure
Pour en finir
Une hache dans le dos d'un seul coup.

Dans les ravins du sommeil
Le silence dresse ses enfants
Voici le bruit fatal qui crève les tympans
La poussiéreuse mort des couleurs
L'idiotie
Voici le premier paresseux
Et les mouvements machinaux de l'insomnie
L'oreille les roseaux à courber comme un casque
L'oreille exigeante l'ennemie oubliée dans la brume
Et l'inépuisable silence
Qui bouleverse la nature en ne la nommant pas
Qui tend des pièges souriants
Ou des absences à faire peur
Brise tous les miroirs des lèvres.

En pleine mer dans des bras délicats
Aux beaux jours les vagues à toutes voiles
Et le sang mène à tout
C'est une place sans statue

Sans rumeurs sans pavillon noir
Une place nue irisée
Où toutes les fleurs errantes
Les fleurs au gré de la lumière
Ont caché des féeries d'audace
C'est un bijou d'indifférence
A la mesure de tous les cœurs
Un bijou ciselé de rires
C'est une maison mystérieuse
Où des enfants déjouent les hommes.

Aux alentours de l'espoir
En pure perte
Le calme fait le vide.

V

Porte comprise
Porte facile
Une captive
Ou personne.
Des torrents décousus
Et des vaisseaux de sable
Qui font tomber les feuilles.

La lumière et la solitude.

Ici pour nous ouvrir les yeux
Seules les cendres bougent.

VI

Le hibou le corbeau le vautour
Je ne crois pas aux autres oiseaux
La plus lourde route s'est pendue
Toutes les tours à paysage au jeu des astres
Les ombres mal placées ravagées émiettées
Les arbres du soleil ont une écorce de fumée.

La vitre mue. Ma force me cahote
Me fait trébucher. Au loin des pièges de bétail
Et l'aimant des allées la ruse pour les éviter.

Bien entendu les enfants sont complices
Mains masquées les enfants éteignent les crêtes et les
                                                    [plumes

Candeur aux neuf rires de proie
L'opaque tremblement des ciseaux qui font peur
La nuit n'a jamais rien vu la nuit prend l'air.

Tous les baisers trouvaient la rive.

VII

Où mettez-vous le bec seul
Vos ailes qu'éveillent-elles seul
Des boules de mains le pouvoir absolu seul
Et le prestige des rapaces par-dessus seul
Ruines des ronces seul
L'œuf des mains enchantées inépuisables seul
Que les doigts fassent le signe du zéro seul
Les lambris des cascades l'eau tend la main seul
Au loin la neige et ses sanglots seul
La nuit fanée la terre absente seul.

VIII

Vous êtes chez moi. Suis-je chez moi ?
J'ai toute la place nécessaire
Pour qu'il n'y ait pas de spectacle
Chez moi.
Ailleurs la chaîne — les anneaux respirent —
Des dormeurs
Les arcs tendus de leurs poitrines
Au défi des chemins
Au hasard l'on entend frapper au hasard ou crier sans
[raison
Les ponts respirent
Et les baisers sont à l'image des reflets.

Au fond de la lumière
A la surface de leur lumière
Les yeux se ferment
Les berceaux — les paupières — des couleurs obscures
Les cloches de paille des étincelles
Le sable tire sa révérence
Aux cachettes des oasis
Sans univers à ses pieds nus
L'oubli — le ciel — se met tout nu.

Les étoiles ont pris la place de la nuit
Il n'y a plus que des étoiles toutes les aubes
Et la naissance de toutes les saisons du sommeil
Le visage des mains inconnues qui se lient
Vies échangées toutes les découvertes
Pour animer les formes confondues
Claires ou closes lourdes ou toutes en tête
Pour dormir ou pour s'éveiller
Le front contre les étoiles.

IX

Révolte de la neige
Qui succombe bientôt frappée d'un seul coup d'ombre
Juste le temps de rapprocher l'oubli des morts
De faire pâlir la terre.

Aux marches des torrents
Des filles de cristal aux tempes fraîches
Petites qui fleurissent et faibles qui sourient
Pour faire la part de l'eau séduisent la lumière

Des chutes de soleil des aurores liquides

Et quand leurs baisers deviennent invisibles
Elles vont dormir dans la gueule des lions.

X

Mange ta faim entre dans cet œuf
Où le plâtre s'abat
Où l'arôme du sommeil
Paralyse l'ivresse
Des bêtes en avance
Des bêtes matinales aux ailes transparentes
Se pavanent sur l'eau
Le loup-corail séduit l'épine-chevalière
Toutes les chevelures des îles
Recouvrent des grappes d'oiseaux
La fraise-rossignol chante son sang qui fume
Et les mouches éblouissantes
Rêvent d'une aube criblée d'étoiles
De glaçons et de coquillages.

Lourd le ciel coule à pic
Le ciel des morts sans reflets.

XI

Reflets racines dans l'eau calme
Des collines cavalières
Sous leur robe
L'infortune parle à son maître
Le sourd a des rages de troupeau
Comme un fagot de fouets
Veille des décors résignés
Les oiseaux sortent de la nuit
Avec des chansons de secours
Un coq de panique jaillit
Des vignes de l'orage
Les vendanges sont faites
Sur son pupitre le front s'étale
comme le froid sur le miroir des morts
Entre deux semblables
Le lourd naufrage du sommeil.

XII

Passage où la vue détourne d'un coup la pensée
Une ombre s'agrandit cherche son univers
Et tombe horizontalement
Dans le sens de la marche

La verdure caresse les épaules de la rue
Le soir verse du feu dans des verres de couleur
Comme à la fête
Un éventail d'alcool.

Suspendue par la bouche aux délires livides
Une tête délicieuse et ses vœux ses conquêtes
Une bouche éclatante
Obstinée et toujours à son premier baiser.

Passage où la vie est visible.

XIII

Je sors des caves de l'angoisse
Des courbes lentes de la peur
Je tombe dans un puits de plumes
Pavots je vous retrouve
Sans y songer
Dans un miroir fermé
Vous êtes aussi beaux que des fruits
Et si lourds ô mes maîtres
Qu'il vous faut des ailes pour vivre
Ou mes rêves.

L'enfance reste chez elle
A rougir de ses devoirs
A mériter la vie
Avec ses jeux de toutes les couleurs
Ses cahiers tondus ses plumiers acides
Une main se ferme se pose
Les mains de l'enfant
Comme des grenouilles.

Mais voici que s'abat se dresse se dandine
La poussière arrogante

Sans carcasse toute de charmes
La toute pelée la curieuse
Un palais la salue la reçoit l'accompagne
Avec sa façade avec le grand livre d'origine
Avec les clefs qui sont une offense aux murailles
Les rideaux soulevés du sourire
A croire aussi que le triple dedans
N'est pas mesuré par les rides.

La plus petite course du lézard
Dément toutes les précautions
La plus petite mort du bois
Quand la hache casse le fil
Et délivre un oiseau
Le coup d'ailes de la surprise.

L'armature des rousses éclatante parure
Et ce mépris pour toutes les plantes souterraines
Pour bénir les poisons pour honorer les fièvres
Les sources sont couronnées d'ombre
Le corps partage ses conquêtes
Mais sa jeunesse est au secret.

Pavots renoncez-vous
Au dur trajet des graines.

XIV

A l'assaut des jardins
Les saisons sont partout à la fois
Passion de l'été pour l'hiver
Et la tendresse des deux autres
Les souvenirs comme des plumes
Les arbres ont brisé le ciel
Un beau chêne gâché de brume
La vie des oiseaux ou la vie des plumes
Et tout un panache frivole
Avec de souriantes craintes
Et la solitude bavarde.

Défense de savoir

Ma présence n'est pas ici
Je suis habillé de moi-même
Il n'y a pas de planète qui tienne
La clarté existe sans moi.

Née de ma main sur mes yeux
Et me détournant de ma voie
L'ombre m'empêche de marcher
Sur ma couronne d'univers
Dans le grand miroir habitable
Miroir brisé mouvant inverse
Où l'habitude et la surprise
Créent l'ennui à tour de rôle.

II

L'aventure est pendue au cou de son rival
L'amour dont le regard se retrouve ou s'égare
Sur les places des yeux désertes ou peuplées.

Toutes les aventures de la face humaine
Cris sans échos signes de morts temps hors mémoire
Tant de beaux visages si beaux
Que les larmes les cachent
Tant d'yeux aussi sûrs de leur nuit
Que des amants mourant ensemble
Tant de baisers sous roche et tant d'eau sans nuages
Apparitions surgies d'absences éternelles
Tout était digne d'être aimé
Les trésors sont des murs et leur ombre est aveugle
Et l'amour est au monde pour l'oubli du monde.

III

Accrochés aux désirs de vitesse
Et cernant de plomb les plus lents
Les murs ne se font plus face
Des êtres multiples des éventails d'êtres
Des êtres-chevelures
Dorment dans un reflet sanglant
Dans sa rage fauve
La terre montre ses paumes.

Les yeux se sont fermés
Parce que le front brûle
Courage nocturne diminuer l'ombre
De moitié miroir de l'ombre
Moitié du monde la tête tombe
Entre le sommeil et le rêve.

IV

Il fait toujours nuit quand je dors
Nuit supposée imaginaire
Qui ternit au réveil toutes les transparences
La nuit use la vie mes yeux que je délivre
N'ont jamais rien trouvé à leur puissance.

V

Les hommes errants plus forts que les nains habituels
Ne se rencontrent pas. L'on raconte
Qu'ils se dévoreraient. La force de la force
Carcasses de connaissances carcasses d'ânes
Toujours rôdant dans les cerveaux et dans les chairs
Vous êtes bien téméraires dans vos suppositions.

Savante dégradation des blancs
Au ventre à table tout le matériel nécessaire
L'espoir sur tous les yeux met ses verres taillés
Le cœur on s'aperçoit que malgré tout l'on vit
Tandis qu'aux plages nues un seul homme inusable
Confond toute couleur avec la ligne droite
Mêle toute pensée à l'immobilité
Insensible de sa présence éternelle
Et fait le tour du monde et fait le tour du temps
La tête prisonnière dans son corps lié.

VI

La nuit les yeux les plus confiants nient
Jusqu'à l'épuisement
La nuit sans une paille
Le regard fixe dans une solitude d'encre.

VII

Quel beau spectacle mais quel beau spectacle
A proscrire. Sa visibilité parfaite
Me rendrait aveugle.

Des chrysalides de mes yeux
Naîtra mon sosie ténébreux
Parlant à contre-jour soupçonnant devinant
Il comble le réel
Et je soumets le monde dans un miroir noir
Et j'imagine ma puissance
Il fallait n'avoir rien commencé rien fini
J'efface mon image je souffle ses halos
Toutes les illusions de la mémoire
Tous les rapports ardents du silence et des rêves
Tous les chemins vivants tous les hasards sensibles
Je suis au cœur du temps et je cerne l'espace.

VIII

Hésité et perdu succomber en soi-même
Table d'imagination calcule encore
Tu peux encore tendre tes derniers pièges
De la douleur de la terreur
La chute est à tes pieds mordre c'est devant toi
Les griffes se répandent comme du sang
Autour de toi.
Voici que le déluge sort sa tête de l'eau
Sort sa tête du feu
Et le soleil noue ses rayons cherche ton front
Pour te frapper sans cesse
Pour te voler aux nuits
Beaux sortilèges impuissants
Tu ne sais plus souffrir
Tu recules insensible invariable concret
Dans l'oubli de la force et de toutes ses formes
Et ton ombre est une serrure.

Défense de savoir

I

Une vaste retraite horizons disparus
Un monde suffisant repaire de la liberté
Les ressemblances ne sont pas en rapport
Elles se heurtent.

Toutes les blessures de la lumière
Tous les battements des paupières
Et mon cœur qui se bat
Nouveauté perpétuelle des refus
Les colères ont prêté serment
Je lirai bientôt dans tes veines
Ton sang te transperce et t'éclaire
Un nouvel astre de l'amour se lève de partout.

II

Au premier éclat tes mains ont compris
Elles étaient un rideau de phosphore
Elles ont compris la mimique étoilée
De l'amour et sa splendeur nocturne
Gorge d'ombre où les yeux du silence
S'ouvrent et brûlent.

III

Vivante à n'en plus finir
Ou morte incarnation de la mémoire
De ton existence sans moi.

Je me suis brisé sur les rochers de mon corps
Avec un enfant que j'étranglais
Et ses lèvres devenaient froides
En rêve.

D'autres ont les yeux cernés
Gelés impurs et pourrissants
Dans un miroir indifférent
Qui prend les morts pour habituels.

IV

Les espoirs les désespoirs sont effacés
Les règnes abolis les tourments les tourmentes
Se coiffent de mépris
Les astres sont dans l'eau la beauté n'a plus d'ombres
Tous les yeux se font face et des regards égaux
Partagent la merveille d'être en dehors du temps.

V

Ce que je te dis ne me change pas
Je ne vais pas du plus grand au plus petit
Regarde-moi
La perspective ne joue pas pour moi
Je tiens ma place
Et tu ne peux pas t'en éloigner.

Il n'y a plus rien autour de moi
Et si je me détourne rien est à deux faces
Rien et moi.

VI

Ma mémoire bat les cartes
Les images pensent pour moi
Je ne peux pas te perdre
C'est la fleur du secret
Un incendie à découvrir
Des yeux se ferment sur tes épaules
La lumière les réunit.

L'aile de la vue par tous les vents
Étend son ombre par la nuit
Et nul n'y pense nul n'en rêve
Et les esclaves vivent très vieux
Et les autres inventent la mort
La mort tombe mal inconcevable
Ils font du suicide un besoin
Des êtres immobiles s'ensevelissent
Dans l'espace qui les détruit
Ils envahissent la solitude
Et leur corps n'a plus de forme.

Dans les ramures hautes
Tous les oiseaux et leur forêt

Ils refusent au son ses mille différences
Les grands airs du soleil ne leur en imposent pas
Le silence supprime les grâces de saison.
Ce verre sur le marbre noir
Un seul hiver incassable
A enfermer
Avec l'aube aux yeux de serpent
Qui se dresse solitaire
Sur le sperme des premiers jours
Les feux noyés du verre

A calculer
La sécheresse des îles de dimension
Que mon sang baigne
Elles sont conçues à la mesure de la rosée
A la mesure du regard limpide
Dont je les nargue.

Il y a des sources sur la mer
Dans les bateaux qui me ramènent
Et des spectacles en couleurs
Dans les désastres à face humaine
J'ai fait l'amour en dépit de tout
L'on vit de ce qu'on n'apprend pas
Comme une abeille dans un obus
Comme un cerveau tombant de haut
De plus haut.
La pâleur n'indique rien c'est un gouffre
Que ne puis-je écrire
Les lettres sont mon ignorance
Entre les lettres j'y suis.
Au néant des explorateurs
Des rébus et des alphabets

Avec le clin d'œil imbécile
Des survivants que rien n'étonne
Ils sont trop je ne peux leur donner
Qu'une nourriture empoisonnée.

La nuit simple me sert à te chercher à me guider
Parmi tous les échos d'amour qui me répondent
Personne
Sans bégayer.

VII

Receleuse du réel
La crise et son rire de poubelle
Le crucifiement hystérique
Et ses sentiers brûlés
Le coup de cornes du feu
Les menottes de la durée
Le toucher masqué de pourriture
Tous les bâillons du hurlement
Et des supplications d'aveugle
Les pieuvres ont d'autres cordes à leur arc
D'autres arcs-en-ciel dans les yeux.

Tu ne pleureras pas
Tu ne videras pas cette besace de poussière
Et de félicités
Tu vas d'un concret à un autre
Par le plus court chemin celui des monstres.

VIII

Tu réponds tu achèves
Le lourd secret d'argile
De l'homme tu le piétines
Tu supprimes les rues les buts
Tu te dresses sur l'enterré
Ton ombre cache sa raison d'être
Son néant ne peut s'installer.

Tu réponds tu achèves
J'abrège.
Car tu n'as jamais dit que ton dernier mot.

IX

J'en ai pris un peu trop à mon aise
J'ai soumis des fantômes aux règles d'exception
Sans savoir que je devais les reconnaître tous
En toi qui disparais pour toujours reparaître.

MOURIR DE NE PAS MOURIR

LES PETITS JUSTES

NOUVEAUX POÈMES

L'AMOUR LA POÉSIE

PREMIÈREMENT

SECONDE NATURE

COMME UNE IMAGE

DÉFENSE DE SAVOIR

DÉFENSE DE SAVOIR

Ce volume,
le premier de la collection Poésie,
a été achevé d'imprimer sur les presses
de l'imprimerie Bussière à Saint-Amand (Cher),
le 27 septembre 1984.
Dépôt légal : septembre 1984.
1er dépôt légal dans la collection : mars 1966.
Numéro d'imprimeur : 2331.
ISBN 2-07-030095-1./Imprimé en France.

34547